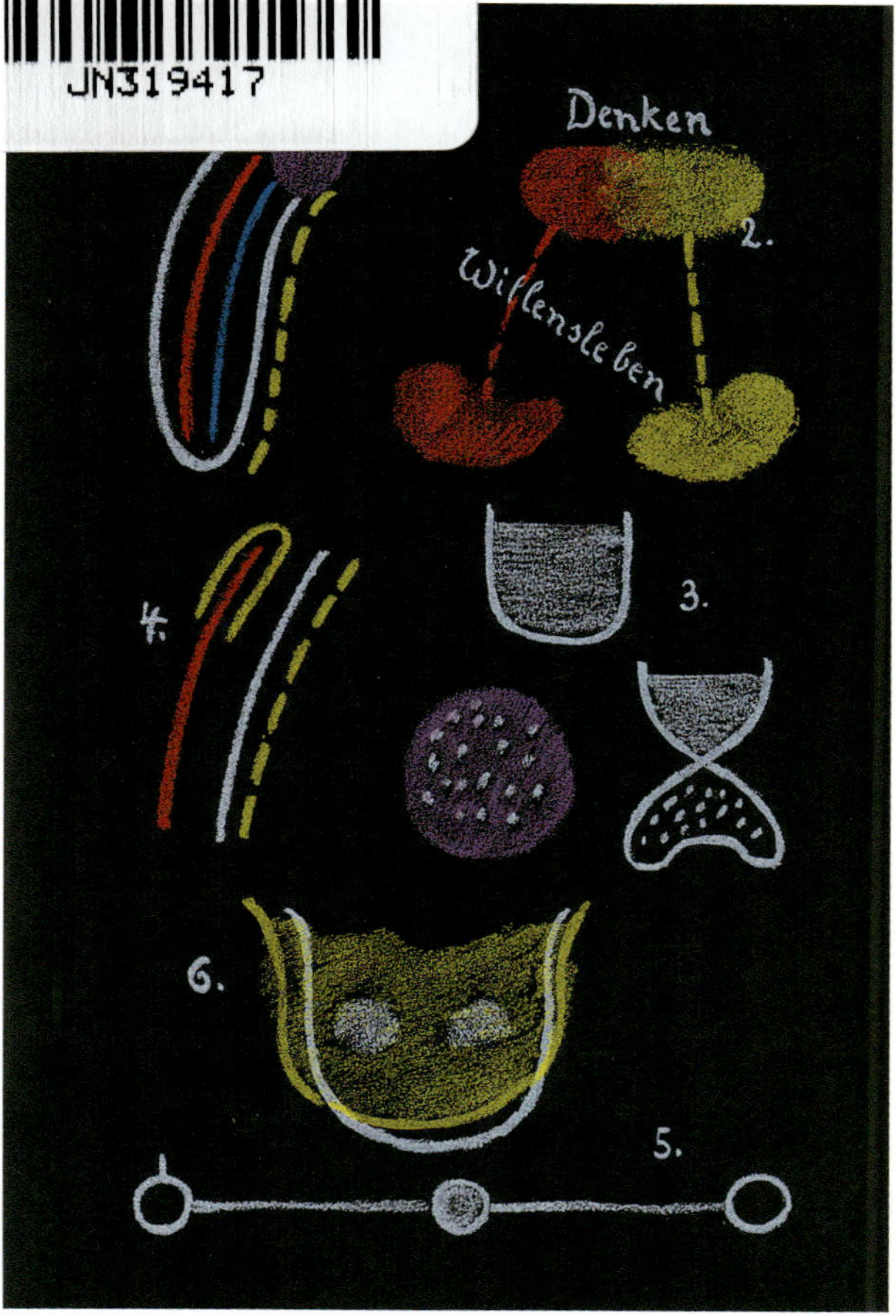

図例 1-6　Denken：思考　Willensleben：意志活動

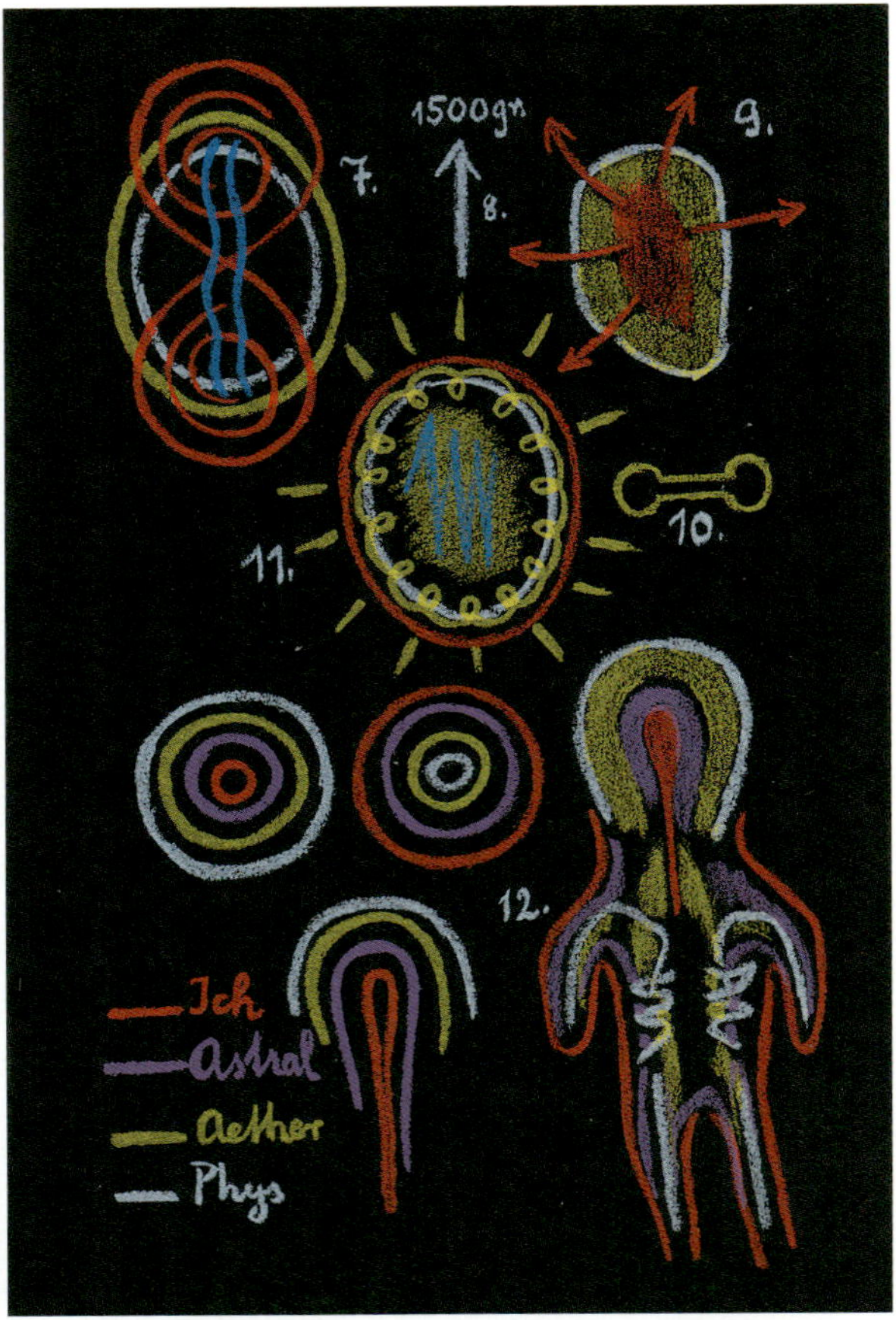

図例 7-12　自我（赤）；アストラル体（紫）；エーテル体（黄）；肉体（白）

ちくま学芸文庫

治療教育講義

ルドルフ・シュタイナー
高橋 巖 訳

筑摩書房

目次

治療教育講義

一九二四年六月二十五日から七月七日まで
於　ドルナハ

第一講　治療教育の基本的観点（一九二四年六月二十五日）

愛する皆さん、私たちの周囲には、発育が不十分なままに留まり続けている子どもが大勢います。そういう子どもたちこそ良い教育を受けなければなりませんし、可能なかぎり正しい治療がなされなければなりません。

当地（アルレスハイム）の臨床治療院にも、ラウエンシュタイン[1]にもそういう子どもたちがいます。その子どもたちのためにすぐにも役に立つような講習会を、これから始めようと思います。またヴェークマン博士[2]が施設の子どもたちを私たちの前に連れてくるはずです。私たちのあいだだけなら、そうすることが許されると思いますので、この機会に若干の実際例を直接眼の前にして学べるようにしたいと思います。

（1）一九二四年六月十八日に、フランツ・レフラー、ジークフリート・ピッケルト、アルブレヒト・シュトローシャインの三人によってイェーナ、リヒテンハインに設立された治療教育施設のこと。ナチス政権確立後閉鎖される。付録のエッセイ参照。

(2) イタ・ヴェークマン女史(一八七六―一九四三年)は晩年のシュタイナーの主治医。一九二三年のクリスマス会議(一般人智学協会の設立会議)で同協会理事に選出された。アルレスハイムの「臨床治療院」(今日の「イタ・ヴェークマン病院」)および治療教育施設「ゾンネンホーフ」の設立者。シュタイナーとの共著『霊学認識による医術改革の基礎』(一九二五年)がある。

しかし今日はまずはじめに、こうした子どもたちの本質について語ろうと思います。当然のことですが、発育が不十分な子どもたちを教育する人は誰でも、いわゆる健常な子どもの教育をあらかじめ実際に深く学んでいなければなりません。それはこうした子どもたちを教育する誰もが身につけておかねばならない大切な事柄です。なぜなら、本来発育が不十分な子どもたちに起こるすべてのことは、もっと内密な仕方ではあっても、健常と思われている魂のいとなみの中にも見られることばかりだからです。この点をはっきり確認しておこうと思います。その意味で、いわゆる健常な魂のいとなみをも観察できなければならないのです。

すべての人は、魂のいとなみのどこか片隅に、いわば正常でないものを担っています。たとえば言おうとしていることが急に思い出せなくなったり、正しいテンポで話すことができずに甲《かん》高い声でわめき立てたり、逆に次のことばが出てくるまでのあいだに聞き手が散歩に行く暇があったりします。意志や感情の領域においてもそのような異常性が――少なくとも萌芽の状態では――大半の人たちの中にも認められるのです。そういう異常性についても、後で若干言及するつもりです。というのは、教育者や治療家がもっと目立った異常性に向き合うときにも、このことが症候を知る上で役立つに違いないからです。私たちは症候をよく研究しなければなりません。医者が病気の症状を診断するようにです。医者は症候によって病気か病気でないかを調べ、症候の複合によって病名を決定しますが、その症候複合と病気そのものとを混同したりはしません。

発育が不十分な子どもの場合にも、その魂のいとなみの中に認められるものを、もっぱら症候として考察しなければなりません。いわゆる心理描写《サイコグラフィー》も症候学にほかなりません。今日の精神病理学は魂の異常現象を、思考と感情と意志に従って記述することに終始しておりますから、そのかぎりでは、精神病理学が遂げた進歩は症候複合の正確な記述においてであって、それ以上に心理描写を超えて、病気の本質に迫っているわけではないのです。

私たちは病気の本質の中に深く入っていかなければなりません。ひとつのイメージがそのための重要な手引きをしてくれるはずですので、まずこのイメージをしっかりと捉えていただきたいと思います。

例を挙げて説明しましょう（口絵表・図例1――以下同）。ここに人間の肉体（白い線）があります。成長期にある幼児の肉体です。この肉体から魂のいとなみ（黄色い点線）が立ち現われてきます。私たちはこの魂のいとなみを正常であるとか、異常であるとか言いますが、本来子どもの魂、あるいはそもそも人間の魂の正常か異常かを決めようとしても、平均して「正常」とする以外に、どこにもそれを決めるよりどころはありません。常識人の眼が一般に通用させているもの以外のどこにも、判断の基準はないのです。ですから何かを理にかなっているとか賢いとかと言う常識人の眼から見て、「正常」な魂のいとなみでないものはすべて、「異常」な魂のいとなみなのです。

目下のところそれ以外の判断の基準は存在しません。ですから私たちが異常であることを確定しようとして、いろいろな試みをすればするほど、その判断は混乱したものになります。正しい判断をしていると思っている人が、その反対に天才的な素質を追い出してしまうことにもなりかねないのです。そのような評価の試みをいくらしてみても、そもそも何も始まりません。なすべきことのまず第一は、医者と教育者がそのような評価を拒否して、賢いとか理にかなっているとかと評価する思考を超えたところに立とうとすることです。実際この分野でこそ、すぐに判断するのではなく、事柄を純粋に観察することが、この上もなく必要なのです。では、そもそも人間のどこに問題が潜んでいるのでしょうか。

今取り上げたのは、どんなひどい教育者にも分かるような、表面にはっきりと現われている魂のいとなみ（黄色い点線）ですが、私たちはこれから、そのような魂のいとなみとは別に、身体の背後に存するもう一つの霊魂の働き（赤い線）にも眼を向けようと思います。それは受胎と誕生のあいだに霊界(3)から降りてくるのですが、地上の意識はそれを外から見ることができずにいます。私はそれを図例では背後に描いておきます。この霊魂は霊界から降りてきますと、先祖代々の遺伝の力（青い線）によって作られる身体（白い線）に働きかけます。

（3）物質界を超えた存在界。広義にはエーテル界、アストラル界、神界の総称。シュタイナーは『神智学』（高橋巖訳、ちくま学芸文庫、二〇〇〇年）の中で、物質界とはまったく異なる法則に支配された霊界の諸相を詳細に論じている。

この働きかけが異常な仕方で行なわれますと、たとえば肝臓に働きかけて病的な肝臓を生じさせてしまいます。また、遺伝的に肉体とエーテル体[4]に病的なところがあった場合にも、身体は一定の病気を現わします。同じことは他のどんな身体器官についても言うことができます。どんな身体器官も霊界から降りてくるものと間違った結びつき方をすることがあるのです。そしてこの結びつきが、つまり霊界から降りてくるものと遺伝されたものとの結びつきが作られたときはじめて、通常、思考と感情と意志として観察される私たちの魂（黄色い点線）が生み出されるのです。思考と感情と意志はそもそも単なる鏡の像のようなものですから、眠ると消えてしまいます。本来の持続的な魂はその背後にあるのです。背後に降りてきて、転生《てんしょう》を重ねる地上生活を貫いて存在し続けるのです。それは身体組織の中で存在し続けるのですが、いったいどのような仕方によってなのでしょうか。

（4）東洋でいう「気」に当たる神智学の用語。眼に見えぬ生命力の働きをいう。

そこでまず人間を三つの部分に従って観察してみましょう。神経系、律動系、代謝＝肢体系の三つです。まず神経＝感覚系を取り上げてみましょう。この組織はその主要な働きが、図式化して言えば、頭部に位置しておりますので、神経＝感覚系について語ることは、頭部組織について語ることにもなります。このことは特に子どもの場合によくあてはまります。子どもの神経＝感覚系の育ち方は、頭部から始まり、次第に成長するにつれて他の身体組織全体に及んでいきます。神経＝感覚系は頭部を中心にしたひとつの統合的な組織なのです。

それでは統合的とはどういう意味なのでしょうか。生体のあらゆる活動を統括しているという意味です。実際、頭部には人間のすべてが何らかの仕方で含まれています。たとえば肝臓はその働きを頭部の中にも持っております。眼に見える肝臓という臓器は、この肝臓活動の固定化されたひとつの部分なのです。——臓器としての肝臓はもちろん腹腔の右上部にありますが、頭の中にも何らかの活動が、臓器の働きに応じて、存在しているのです。それを図に表わせば次のようになります（図例2）。ここに肝臓の臓器があるとします。この臓器の働きには人間の頭もしくは脳の働きが対応しているのです。下半身にある肝臓は、腎臓、胃、その他の臓器から分離されていますが、頭脳の中ではすべてが混じり合い、肝臓の働きもほかのいろいろな働きと協力し合っているのです。そのように頭は生体全体の活動の偉大な統合者なのですが、この統合活動を行なうときの生体は、体内に崩壊過程を生じさせています。体内成分を排出しているのです。

統合過程が頭部で行なわれているとすれば、分析過程はその他の生体組織、特に代謝＝肢体系の中で行なわれています。そこでは頭とは反対に、すべてが区別されています。頭の中では腎臓の働きや腸の働きが一緒になっているのに対して、頭以外の組織においては、すべてが区別されています。ですからこの図でも肝臓の働きと胃の働きとは別々に示されていますが、頭部においてはそれらすべての活動が結び合い、統合されています。

さて、身体成分が絶えず雨のように外へ排出される過程を伴っているこの頭の統合活動こそ、本質上、すべての思考活動の根底に存するものなのです。人間が思考できるということ、人間がある事柄の中に埋没せず、そこから抜け出してそれを対象化できるということ、そのことのためには、霊と魂の働きが頭部でこの統合機能を引き受けて、遺伝成分を綜合的に秩序づけなければなりません。そうすれば、綜合的に秩序づけられた遺伝成分の中に、いわば意識の鏡（図例1の紫）が作られるのです。つまり霊的、魂的な働きが頭部を綜合的に組織しますと、その頭部に対象を映し出す鏡が作られるのです。そしてそれが通常の思考を生み出すのです。ですからここで二つの思考を区別しておかねばなりません。眼に見えるものの背後にあって、意識そのものを作り上げる、いわば宇宙思考とも言える、霊的、魂的な働き――これは持続的なものです――と、もっぱら映し出されるだけで、眠るたびに消えてしまう思考、考えないときにもどこかに消えている思考です。後者は、体内の臓器のようには現実に存在しているとは言えません。

この霊と魂の働きは、他方では分析的な仕方で代謝=肢体系をも構成します。つまり互いにはっきりと区別できる、それぞれ異なる輪郭を持った諸器官をです。生体の中には、異なる輪郭を持った諸器官、たとえば肝臓、肺、心臓その他が見られますが、それらは肢体=代謝系と関連を持っています。物質成分で満たされているものは、すべて代謝=肢体系に属します。脳の中で見ることのできるものもまた新陳代謝の働きなのです。さて、この分析的に構成された各器官は、人間のすべての意志の基礎になっており、そして前に述べたように、統合活動は思考の基礎になっているのです。

さてここで次のような考察をしてみましょう。誰か大人のことを考えてください。この人は、たぶん七歳の頃に歯が生え変わり、十四歳の頃に思春期を迎え、そして二十一歳の頃には人格がしっかりとしてきたことでしょう。人間はそのように七年毎に大きな節目を迎えます。私たちが子どもの発達を理解しようとするときには、歯の生え変わった後と、まだ歯の生え変わる前の時期とを、しっかり区別しなければなりませんが、この転換期には、人体の変化がいつも目立って現われています。人体は毎年変化していきます。絶えず体内からは何かが外へ排出されています。体内成分を排出するこの外への絶えざる遠心的な流れは、七年か八年かけて、体内の成分のすべてを一新させます。

そこで考えていただきたいのは、この身体成分の更新が、歯の生え変わる七歳の頃に特別重要な意味を持っている、ということです。

生まれてから歯の生え変わる頃までの身体は、いわば単なるモデルにすぎません。この身体は遺伝の力を通して、両親からこのモデルを受け取ります。祖先が子どもの身体形成に協力しています。さて私たちは最初の七年間にこの最初の身体成分を外に排出しますが、それによって何が起こるのでしょうか。まったく新しい身体が生じるのです。歯の生え変わった後の身体は、もはや遺伝の力によってではなく、前述した霊魂の力によって作られるのです。ですから遺伝によって得た身体は、実質的には歯の生え変わるときまでしか担われてはおらず、この時期には、遺伝による身体成分を排出する一方で、その人の個性の力で新しい身体が作り出されるのです。私たちは本来、歯の生え変わるときから、自分自身の身体を持つようになるのです。はじめは遺伝体がモデルとして利用されますが、その後は、霊魂の働きが強いか弱いかによって、霊魂が遺伝の形成力に対してより個的な仕方で働きかけることもできるし、遺伝の力に屈して、最初の身体が両親によって形づくられたように、第二の身体もそのように形づくられることもあるのです。

一般に普及している遺伝の理論は決して正しくはありません。その考え方によれば、歯の生え変わるまでの成長の法則がその後の人生にまでそのまま持ち込まれます。しかし遺伝の働きは歯の生え変わるときまでしか有効ではなく、その後は個性が指導権を握って、第二の身体を作り上げるのです。

このように私たちが子どもに接するとき、遺伝体と、その後に生じる個性的な身体とを区別できなければなりません。真の人格にふさわしい個性的な人体は、次第に作られていくのですが、七歳から十四歳までのあいだが個性のこの作業のもっとも集中して行なわれる時期なのです。そのとき、個性の力が遺伝の力に打ち勝つと、歯の生え変わるときに、遺伝の力から自由になれますが、個性の力がモデルとして存在している遺伝の力に負けてしまうと、七歳を過ぎた後でも、遺伝の力による両親との類似性が存続していきます。このことははっきりと認めることができますから、教育者はこの点によく注意を向けなければなりません。

たとえば、誰かが絵描きとしての私のモデルになってくれたとしても、そのモデルが私の描いた作品の作者であるはずがありません。第一私はそのモデルをかなり変えて描いています。それと同じように、それまでの身体を提供してくれた遺伝の力が、七歳以後も身体の作者である、と言うことはできないのです。——私たちは新しい身体を個性の霊的な力によって手に入れなければなりません。ですから個々の場合に、個性がどのくらい強く働いているかを知らなければなりません。[5]

(5) ただし、子どもの個性が自分にふさわしい両親の下に生まれてくる場合、七歳以後になっても親に似てくることがよくあるが、その場合の類似性は遺伝の力によるのではなく、個性の力による、と言うことができる。

さて、七歳から十四歳までの時期の成長の仕方は、その人の個性の働きをこの上なく力強く表わしています。この時期の人間は、その結果、外界に対して比較的自分を閉鎖的にしています。まさにこの時期にこそ、個性の力のみごとな発露が示されるのです。もしこの時期の発達過程を、そのままその後も持ち続ける人がいたとしたら、その人は恐ろしく無愛想な人になったことでしょう。そして外界に対して感受性の乏しい人になったことでしょう。けれどもすでにこの時期から、人間は三度目の身体更新を行なうのです。その三度目の身体は、性的器官の成熟期である思春期に表面に現われますが、地上の環境世界との深い結びつきを示しております。その場合、性的な関連で現われるものがすべてなのではありません。性的な働きを過大評価することは、私たちの唯物論的な考え方によるものです。思春期とともに現われる外界とのさまざまな関係は、根本的には同じ種類のものなのです。ですから性の成熟について語るよりも、地上生活の成熟について語る方が正しいのです。地上生活の成熟の中には、感性の成熟や呼吸活動の成熟も含まれます。性の成熟はその全体の一部分にすぎないのです。この時期に人間は地上生活を成熟させるようになります。そして今まで無縁であったものを、鋭い感受性をもって周囲の環境の中から自分の中に受け入れる能力を発達させます。それまでは異性の魅力を感じ取ることができませんでしたが、環境の中の他のものからも印象を深く受け取ることができずにいたのです。そして今、第三の身体を作り上げ、そのようにして二十歳代の初め頃にいたります。霊界から降りてきたものは、歯が生え変わる時期に、その働きにひとつの終止符を打ちます。同様に思春期を迎える時期にも、二十歳になった頃にも、それぞれその働きを完成させました。そのようにして、諸器官を形成し、人体を個的に成熟させ、地上生活を成熟させるのです。

そこでそのような発達過程において、諸器官の形成の異常な仕方に対応して、魂に何らかの異常が現われるとします。そしてその異常さがその後の生涯を規定するようになると、まさに魂の病気が存在することになります。けれども、二十一歳よりも後になって肝臓その他の器官に異常が現われた場合には、その器官はすでに十分に独立した在り方をしているので、意志の働きがそのことに依存しないですみ、魂はこれまで通りのいとなみを続けることができます。しかし年齢が若くなればなるほど、このことがあてはまらなくなります。大人の場合、諸器官がすでにそれぞれ特定の在り方をしているので、魂のいとなみは比較的そこから独立しており、器官の病気はそれほどはっきりとは魂に影響を与えませんから、それをもっぱら器官の病気として治療できるのです。しかし子どもの場合は、まだすべてが関連し合っており、ひとつの器官が病気になると、それがまったく強力な仕方で、魂の中にまで影響を及ぼします。

皆さん、現在の病理学が診断するさまざまな病気は、病気の粗雑な部分であって、その微妙な部分は、組織学の手の届かぬところに、たとえば肝臓という臓器の中を流れる液体成分の中に存在しているのです。もしくは肝臓の中を流れる気化された部分の中に存在しているのです。そのような場合、臓器をよく温めることもまた、魂のいとなみを助ける作用をします。

ですから子どもに意志の欠陥が見られる場合、まず第一に次のように問わなければなりません。「この意志の欠陥は、どの器官のどのような病気と関連しているのか？」これはとても大切な問いなのです。

魂の働きの中でも思考の欠陥はそれほどにまで重要ではありません。たいていの欠陥は分析過程でいとなまれる意志の欠陥です〔13頁以下参照〕。ですから思考の中に欠陥があったとしても、その思考の欠陥がどれほど意志の欠陥に依存しているか、注意深く観察できなければなりません。たとえばあまりにもすばやく、またはあまりにもゆっくりと考える人の場合、思考内容そのものはまったく正しいのに、組み合わせる働きをする意志の方に欠陥があるだけなのかもしれません。どの程度にまでそこに意志が働いているかをよく観察してみてください。思考に欠陥があるというのは、意志から独立した思考内容そのものに歪《ゆが》みが現われたり、錯覚が生じたりする場合だけです。

外界に対する態度が問題になる場合、そのような歪みや錯覚が無意識の中に現われ、それが表象活動に影響することがあります。それは強迫観念のようなものにもなりますが、強迫観念は意志から生じるのです。いずれにせよ意志の欠陥か思考の欠陥かを区別するには、とりわけ注意深い態度が必要です。思考の欠陥は、たいていの場合、個別治療を必要とすることになりますが、障害のある子どもたちを教育する場合に問題になるのは、主に意志なのです。

ここで人間の存在全体がどのような仕方で発達に作用をしているのか考えてみましょう。人間の発達にとって何が障害になるのかを考えますと、最初の七年間では、遺伝上の欠陥が問題になります。本質的には遺伝上の欠陥だけが考察の対象になるのです。けれどもこの欠陥を、今日の科学のような恐ろしい仕方で考察することは許されません。遺伝上の欠陥は偶然の結果なのではなく、カルマ(6)による必然なのです。私たちが代々身体上の欠陥を持っている家系に生まれることを選ぶのは、私たちの霊界における知識不足によるのです。したがって、欠陥のある遺伝体が存在するところには、すでに受胎以前に、人体組織に対する認識不足があったのです。私たちは地上に受肉する以前に、人体組織をまったく正確に知っていなければならないのです。そうでないと、霊界から正しい仕方で降りてくることができず、最初の七年間に生体を正しい仕方で発達させることもできないのですから。

(6) 運命を支配する法則。仏教でいう「業《ごう》」のことで、シュタイナーの『神智学』はこれを輪廻転生《りんねてんしょう》との関連で取り上げている。

死から新しい誕生までのあいだに獲得される内なる組織についての知識は、今日の生理学や組織学を通して獲得される物質体についての知識に比べれば、まったく計り難いほどに大きいのです。それに比べれば、生理学や組織学の知識は取るに足りないとさえ言えます。けれども霊界で獲得する私たちの知識は、受肉の過程の中で忘れられてしまいます。なぜならそれは体内に埋没してしまい、感覚を通して外界の認識に役立たせられることがないからです。この知識は実際計り難いほどまでに大きいのですが、もし私たちが地上生活の中で、周囲の環境に対して何も興味を持てなかったり、興味があってもそれが妨げられてしまったりした場合、死後の生活の中でその知識が損われます。

考えてみてください。或る文明社会が人びとを特定の空間内に閉じ込め、朝から晩までその中にいて、外の世界に対する興味を持てなくさせているとします。そのような文明は、その結果どんな影響を人びとに及ぼすでしょうか。外界の認識が閉ざされてしまうので、誰かがもしこのような状態のまま死を迎え、あまりにも不用意に霊界の中に入っていきますと、人体の生命組織を学ぶために必要なすべてが、霊界に用意されているにもかかわらず、受容できなくなるのです。その結果、ふたたび地上に降りてくるとき、周囲の環境との関係をあらかじめ深めることができた人よりも、人体についてのはるかに乏しい知識を持って生まれてくるのです。

しかしこのことは別の面から見ることもできます。皆さんがこの人生を生きるに際して、たとえば一日を過ごした後で、その日が大した日ではなかったと考えるとします。確かに通常の意識にとっては、大したことがなかったかもしれません。しかし通常の背後に働く潜在意識から見れば、それは決して大したものでなくはないのです。なぜならもし皆さんが一日だけでも、この世をいつもよりも正確に観察できたならば、それだけですでに生体を霊界で認識するための条件ができたことになるからです。この世における外界は、あの世における霊的な内界なのです。

さて、この世で外界から閉ざされた生き方をしている人はすべて、いつかは人体組織について知識不足なままに、この世に降りてくるでしょう。その人びとはそうでなければ選ぶはずのなかった親を選ぶでしょう。悪い身体しか提供できない人が親として選ばれ、その一方では良い身体を提供するはずの人が不妊の状態を続けます。実際、霊界からの下降に際して、どのような人間がふたたび生み出されるかは、時代の発展全体にかかっているのです。私たちは子どもを見るとき、その子の中にどんな前世の影響が現われているかを見なければなりません。遺伝的に病んでいる諸器官をなぜその子が選んだのか、発達が不完全な個性を持ったその子がなぜそのような身体に働きかけるのかを理解しなければなりません。

歯の生え変わるまでの子どもがどのような発達を遂げていくのかを考えてみてください。実際、霊界から降りてくる霊魂は、それを受けようとしている身体にいつも完全に適応しているとは言えないのです。たとえばある子にすぐれた肝臓のモデルが存在していたとしても、そのことをその子の個性が理解できなければ、第二の七年期にその肝臓モデルは不完全な仕方でしか活用されず、その結果本質的な意志の欠陥が現われてきます。今例に挙げましたように、肝臓を自分の優れた肝臓モデルに従って形成することができない場合には、意志の欠陥が生じ、そのため意志するにもかかわらず、その意志を実現できないような子どもになります。意志が思考内容の中に埋没し続けるのです。その子は、何かをやり始めますと、ただちにそれとは別の何かを意志し始めるのです。意志は停滞したり、通り抜けてしまったりするのです。そもそも肝臓は今日の生理学が記述しているような臓器であるばかりでなく、考えた事柄を実際の行為に移し替える勇気を与える器官でもあるのです。たとえば電車をやり過ごしてしまうような人が実際にいます。バーゼルまで電車で行かなければならないと知っていて、電車が眼の前に止まっても、最後までそれに乗ることができないのです。何かがその人を引きとめて、電車に乗せまいとするのです。この非常に特徴的な意志の停滞を通して明らかになるのは、微妙な肝臓の欠陥があるということです。肝臓はいつでも、心に抱いている観念を、手足で行なう行為に置き換えるための仲介をします。この意味では、人間のどの器官も何らかの事柄の仲介役をしているのです。

前に聞いたことがあるのですが、ある若者が次のような病気を本当に持っていました。彼は電車のすぐかたわらに立っていたのに、突然立ち止まってしまい、乗り込むことができませんでした。なぜ彼が乗らなかったのかは誰にも分かりませんでした。当人もどうしてだか分からなかったのです。彼は立ち止まったままでした。意志が停滞していたのです。それではいったい、その場合何が原因だったのでしょうか。これは非常に複雑な問題です。

この若者の父親〔フランツ・ブレンターノのこと〕は哲学者でした。その哲学者は非常に独特な仕方で、魂の能力を表象と判断および共感、反感の働きに分けました。そして意志を魂の働きの中に数え入れなかったのです。意志は魂の働きから脱け落ちていました。魂の働きを数え上げるとき、彼は決して意志をそこに加えなかったのです。なぜなら彼は正直であろうと望んでいましたので、意識の表面に現われるものだけを魂の働きとして数え上げようとしたのです。このようにして彼はとうとう、意志について何も考えないことがまったく当然だと思うようになりました。さて、この哲学者は比較的晩年になって息子を得たのです。父親となった彼は、意志のことを永遠に考えようとしないままに、自分の意図を行為にもたらそうとしない素質を肝臓に植え込んでいたのです。このことが息子の場合には病気となって現われました。そこで皆さんはこの息子の個性がなぜ、まさにこの父親を父親として選んだのか理解することができるでしょう。それはこの息子の個性が肝臓の内部構造とまったく関わることができなかったからなのです。つまりこの個性は肝臓の内部組織について、あれこれ努力する必要のないような体質を自分のために選んだのです。肝臓のそのような機能を知らずに生まれてきたので、その肝臓もそのような機能を備えていなかったのです。このように子どもを理解しようとするときには、まったく奇妙な仕方でカルマへの洞察を深めていかざるをえなくなるのです。

今日はまず以上のことをお話ししようと思いました。それでは明日同じ時間に、考察をさらに先へ進めようと思います。

第二講　本来の魂のいとなみ（一九二四年六月二十六日）

根本的な問題をまず取り上げ、その後で実践的な事柄に関わっていこうと思いますので、昨日、子どもの表面的な魂のいとなみは単なる徴候でしかない、と申し上げました。子どもの精神障害の根底を探ろうとすれば、従来は表面的な魂の状態を記述するだけに終始しており、深層の領域、つまり昨日述べた本来の魂のいとなみの領域にまで眼が及んでいなかったことに気づかされます。心理考察の方法はすべて、今日この悩みをかかえています。大人の精神疾患については、ここでは触れることができません。いずれにせよその場合のどんな治療法にも、常に何らかの問題が残ってしまいます。しかし子どもの場合にできることのすべては、この連続講義の中で取り上げなければなりません。

さて、表面的な魂のいとなみというときの「表面的」という言葉は、否定的な意味ではなく、もっぱら場所的な意味で使っているのですが、その表面的な魂のいとなみの考察がどれほど間違った方向に行きかねないか、ということについて、ひとつの極端な例をはじめに紹介しておこうと思います。この例は皆さんの課題にとって大切な意味を持っていると思います。

ヴルフェン[1]という元検事がおります。この人は犯罪心理学の観点からあらゆる種類の精神異常について調べ、それについて分厚い書物を何冊も著わしています。医学から出発したのではないこの人物は、いったいどのような論じ方をしているのでしょうか。もちろん彼は検事としての職業柄、異常な魂の例をたくさん知っており、後年になって医学の問題もいろいろと学びました。そのようにして職業を通して経験してきたことと後になって書物から学んだことを結びつけ、そこからひとつの理論を打ち立てました。

（1）エーリヒ・ヴルフェン（一八六二年生まれ）。犯罪心理学者。

その理論は、いわゆる科学的な条件を満足させるのに必要な表現形式をとって、作り出されました。実際私たちがこの表現形式をその通り真剣に受けとめれば、ヴルフェンの理論を通用させざるをえなくなりますし、それを真剣に受けとめなければ、人智学の観点から出発せざるをえなくなります。そして、その中間の道は疑わしい妥協でしかありえません。

さて、ヴルフェン検事は最近チューリヒで講演しました。彼は犯罪心理学の観点から異常な魂の在りようを論じています。私たちにとってはこういうことに注意を向けるのも大切なのです。なぜなら皆さんはいろいろな機会にこのような考え方に直面させられるでしょうから。皆さんが科学的な研究書を手に取り、その思考方法を知ろうとしますと、そのいたるところで、この検事が特別過激な仕方で表現している思考形態や思考方法に出会うはずです。ですから現代科学が異常心理の分野でどこへ行かざるをえないかを知っておく必要があるのです。

これから新聞の切り抜きを読み上げるつもりですが、その前に同検事がこの新聞記事を書いている記者よりもはるかに理解力に富み、はるかに正しいことに皆さんの注意を向けておきたいと思います。この記者は皮肉な態度をとることしかできずにいるのですが、それは精神病理学や犯罪心理学に敵意を持つ購読者が大勢いるからです。ですからこの記事の論調は皆さんにとってまったく重要ではありません。いずれにせよヴルフェンに比較すれば、この記者の方がはるかに本質を理解していません。記事内容を嘲笑的な態度でしか扱えないのですから。彼はそのような嘲笑が現代科学については言えても、ヴルフェンについては言えないことに全然気づいていません。実際ヴルフェンがよりどころにしている科学なら、もしその科学を正直に率直に語ろうとするのであれば、どうしてもこのような仕方で扱わざるをえないでしょう。

それではこの新聞記事を一度読んでみましょう。それは私たちに関係のある問題です。記事の見出しは「検事の精神分析によるシラー」(2)です。本来なら、「今日の心理学または教育心理学の精神分析によるフリードリヒ・シラー」とでもすべきでしょうか。

(2)『新チューリヒ新聞』一九二四年三月七日付。

シュヴァーベン出身の無資産者で、元イェーナ大学の歴史教授であり、数多くの革命劇の作者でもあるフリッツ・シラーの事件は先週の金曜日、一九二四年二月二十九日、評判の高いドレスデンの検事、E・W・ヴルフェン博士のみごとな講演「フリードリヒ・シラーにおける犯罪心理学」の中で法廷に持ち込まれ、チューリヒ法律協会の多数の聴衆の見守る中で論告求刑を受けた。被告は死んでいたので、法廷に出席することができず、せいぜい見えない手で、生前書き下ろした書物の内容を指さすことができただけであった。

検事閣下ヴルフェンは実にみごとな、隙のない論告を行なった。論証には矛盾を見出す余地がなかった。検事はシラーの私的な通信文さえも差し押さえ、それに眼を通していたらしい。そして今、このヴルフェン博士の立ち会いのもとに、出席者たちはまるで眼からうろこが落ちたような体験をさせられた。すなわちシラーに対するわが国民の、特に若者たちの愛はその醜い根を暴露されたのである。シラーが有名になったのは、生まれつき備わった彼の残酷さのゆえである。このことは彼が怪奇や恐怖の暗い楽しみにふけっていた事実がよく表わしており、また数多くの物語詩「幼児殺しの女」、「イビュコスの鶴」、「潜水夫」、「手袋」、「製鉄所への道」などを書いた動機にもなっている。今述べた最後の詩の中には、たとえば次のような嘲笑のことばも出てくる。「あいつの面倒は十分見てやった。伯爵さまならほめてくださるだろう」。このことばは虚弱な肉体を背負い、それとの戦いの中で養ったシラーの残酷さをはっきりと表わしている。観衆に恐怖と同情を呼び起こすシラーの悲劇が、なぜ舞台にかけるとあれほどの効果を生むのか。それは観衆の隠された犯罪者素質に訴えかけるからであり、危険な本能を安全な仕方で発散させてくれるからである。

検事閣下ヴルフェンは、このようなことを述べた後で、結論として、自分をシラーの揺るぎない崇拝者であると言明し、最後に、詩「鐘」のためのゲーテの跋文の一節、「神よ、友からわれらを守りたまえ」ということばで講演を閉じている。

もちろん検事閣下ヴルフェンは圧倒的な状況証拠があるにもかかわらず、情状酌量の余地を認めている。つまりシラーには自由の感情が強く働いており、それが初期の苦しい生活事情や劣等感と結びついて、『群盗』の中で激しく燃え上がり、次第に純化され、最後に『ヴィルヘルム・テル』の中では秩序の下での革命を讃美するところまでいったのである。――ちなみに善悪に対するシラーの態度は本質的に美的観点から引き出されているという。そしてすでに述べたように、シラーの文学の中を流れる動脈は、ヴルフェン博士によってたちどころに見つけ出され、それが残酷さと自由衝動とであることが明確にされた。シラーが詩作の中で行なったこれらの衝動による戦いが、彼を完成期にまで導いてくれたのだという。

以上の文章の中にはシラーの劣等感が取り上げられています。もちろん幼少期におけるものではありますが。

ここでひとつのことをはっきりさせておかなくてはなりません。今日の科学が教育問題を取り上げ、そして教育者がその科学の観点に従って授業を行ない、そしてその教室にここで論じられているような幼いシラーがいたとして、いったいどのような教育成果を期待することができるでしょうか。この点をはっきりさせておかなければなりません。

ここで昨日述べたことをまとめて言いますと、ある病気の場合、それに対応する症状から本来の病因にまで遡ることができるように、魂のいとなみである思考、感情、意志からも、魂の本質にまで遡り、そこに立ち返ることができるのです。そして私たちは肝臓を例にして、何かを行なおうとする意図がありながら、実際の行動にまで進むことができない魂の異常さの原因を、何らかの微妙な肝臓の異常の中に求めなければならず、そこから教育的、治療的な処置がなされねばならないことを理解しました。

さて、個々の具体例に入る前に、もう一度子どもの魂のいとなみに眼を向けなければなりません。私たちは最初の七年間の身体がひとつのモデルを示しており、次いでそのモデルに従って、歯の生え変わりから思春期まで個性が第二の身体を作り出すことを考察しました。個性の力が遺伝の力よりも強い場合には、歯の生え変わる頃に、子どもは遺伝の力を多かれ少なかれ克服して、身体も魂の在り方も個性的になるでしょう。けれども子どもの個性が弱ければ、個性は遺伝の力に抑えられ、魂も身体もそのモデルに従った模像を示すことになります。本来の意味での遺伝的特徴はその場合にのみ見られるのです。なぜなら普通は歯の生え変わりから思春期までの子どものすべてが個性から生じてくるからです。ですからこの時期に遺伝的な特徴が現われるのは、個性がそれを克服するにはあまりに弱すぎて、カルマの求めるような個性的な働きができず、そのため本来のカルマ衝動が遺伝的な特徴に圧倒されている場合です。

愛する皆さん、それではいったい、育ちつつある子どもの思考と意志とは互いにどういう関係にあるのでしょうか。すでに昨日、このことを症候として考察いたしました。そして表面的な魂のいとなみとして現われる思考の根底には、統合的な活動が存在し、それが頭脳組織を形成していること、そして意志の根底には分析的な、区別する働きがあり、それが個々の諸器官、特に代謝＝肢体系を形成していることを見てきました。

そこでこれから思考の根底にあって頭脳を形成した統合活動に眼を向けてみましょう。しかしそのためにはまず、思考内容とは何かをはっきりさせておかなければなりません。なぜなら思考内容は少しずつではあっても、絶えず子どもの身体組織の中に外から入り込んでくるものだからです。大人の周りにも思考内容が、多かれ少なかれ断片としていつも存在しています。ある人の周りにはより多くの、別の人の周りにはより少ない思考内容が存在しています。それではそのような思考内容とはいったい何なのでしょうか。ヴルフェン主義にまで退化している今日の見方は、思考内容を進化の過程で次第に人間の内部に生じてきた何かだ、と考えています。そして役に立つ思考内容を持つことができた人は、その思考内容を自分が作り出したのだと思っています。

けれども人智学的な観点から人間を見れば、人間の中には、そこから思考内容が生じてくるようなものを何ひとつ発見できないのです。思考内容の成立を人間の中に見ようとする試みは、霊学的には、ちょうど誰かが毎朝どこからか壺一杯のミルクを手に入れ、そしてある日、どのようにしてそのミルク壺が毎朝ミルクを自分の中から作り出すのか、と考えるのにも等しいのです(図例3)。私たちはミルク壺の素材の中にミルクを生み出すようなものを決して見つけ出せはしません。ところが誰か、手伝いの女、というよりはむしろ教員だったことがあるような近代的な主婦が、そんなことはほとんどありえないとしても、どうしたことかミルクが外からミルク壺に入ったことに気づかなかったのです。私たちは壺の陶土からどのようにミルクがしみ出てくるのかを真剣になって考えるその主婦を愚かだと思い、そんなことは不合理だ、と思うでしょう。けれども現代科学は思考内容に関して、これと同じような考え方をしているのです。つまり同じように疑いようもなく愚かな考え方をして、それが身体の中からしみ出てくる、と思っているのです。霊学がすでに二十年以上も前から明らかにしてきた認識手段を使って吟味するなら、私たちは身体のどこにも、思考内容を生み出すようなものを見出すことはできません。明らかにそのようなものはどこにもないのです。ミルクが外からミルク壺の中に注《つ》ぎ込まれなければならないように、思考内容も人間の中に外から入ってこなければならないのです。

それでは誕生から死にいたるこの世のどこからそれは入ってきたのでしょうか。それはどこに存在していたのでしょうか。ミルクの由来が研究できるように、思考内容の由来も研究できなければなりません。思考内容はもともとどこに存在していたのでしょうか。

私たちは物質界の中にいます。しかしエーテル界の中にもいるのです。地上に受肉する以前に、私たちのエーテル体はこのエーテル界から取ってこられました。人間のエーテル体は、どんなところにも遍在している宇宙エーテルから取ってこられたのです。愛する皆さん、この宇宙エーテルこそ思考内容の本当の担い手なのです。すべての人が共有しているこの宇宙エーテルこそが、思考内容の担い手であり、そこにこそ思考内容は存在しているのです。

私が人智学講演の中でいつも語っているあの「生きた、つまりエーテル的な思考内容」は、宇宙エーテルの中に存在しているのです。そして地上に生まれてくる以前の人間は、そのような思考内容に関与していたのです。そもそも思考内容は、その生きた状態においては、この宇宙エーテルの中にあるのです。誕生から死にいたるまでの私たちは、直接この宇宙エーテルの中から思考を引き出すことができません。人間の持っている生きた思考内容はすべて、人間が霊界領域から去って地上に降り、自分のエーテル体を形成するときに受け取るのです。人体を形成し組織するすべての働きには、生きた思考内容が存在しているのです。

ですから昨日の図例をもう一度描きますと（図例4）、ここに人間が描かれ、ここ（黄色い点線）に徴候として現われている魂のいとなみ、つまり思考、感情、意志があります。そしてその背後には本当の魂のいとなみがあります（赤い線）。この本当の魂のいとなみの一部分は思考内容（黄色い半円）として存在しているのです。――遍在する宇宙エーテルから取り出してきたこの思考内容は、私たちの脳を形成し、さらには私たちの神経＝感覚系を形成します。この生きた思考は、身体を育成するよりも消耗させる器官として頭脳を形成しています。そしてそれは次のような仕方においてなのです。

周囲を眺めますと、私たちの環境にはさまざまな物質の作用が目につきます。自然界に働いているその過程は、生きた思考活動によって少しずつ消耗させられています。ですから脳においても物質成分が消耗させられ、つまり物質過程にストップがかけられています。脳の作業の始まりは、そのように物質過程にストップをかけ、物質を絶えず排出することなのです。そして排出された物質、つまり外化され、使われなくなった物質、それが神経にほかなりません。

神経は生きた思考の働きに殺され続けることによって、鏡のように映し出す能力を獲得したのです。つまり周囲のエーテル界の思考内容がそれによって意識の表面に映し出され、それによって主観的な思考が、つまり生まれてから死ぬまでのあいだ鏡像のような在り方をしている表面的な思考が生じたのです。

私たちは、生きた思考の働きを内部に担っているので、私たちの神経＝感覚系を周囲の世界に対置し、それによって諸印象を鏡像として生み出し、それを私たちの意識の中に投げ入れることができるようになりました。ですから表面的な魂のいとなみである思考や表象活動は、宇宙エーテルの中に生きて働く思考内容を映し出しているのです。

皆さんがご自分を鏡に映して見るとき、鏡に映ったその像が自分とはどこか違っている、とお思いになるでしょう。生きた思考内容もその鏡像と比べると、どこか違っています。鏡像である思考も死んでいるのです。

皆さんの鏡の像がその前に立っている生きた皆さん自身に比べて死んでいるように、鏡像である思考も死んでいるのです。歪《ゆが》んだ、非論理的な、狂った思考内容は決して宇宙エーテルの中には存在しませんけれども、通常の表面的な魂のいとなみの中の思考内容は、宇宙エーテルの中の思考内容の鏡像にすぎませんので、歪みが生じます。狂った偏屈な思考内容が生じるのは、鏡である頭脳構造の何かが正常な働きをしていないからです。ですから私たちにとって大切なのは、眼の前にある歪んだ思考内容から遡って、真の生きた思考のいとなみが作り上げた人間の頭脳や神経系本来の働きまでの道を辿ることなのです。そうすることによって皆さんは、意識から出発することが非常に大切だ、ということを理解なさるでしょう。本来の思考内容そのものには近づくことができませんが、それは宇宙エーテルの中で絶対的な正しさをもって存在しているのです。

治療教育者は自分たちに委ねられた子どもが正しい仕方でこの宇宙エーテルとの結びつきを持つことができるよう、あらゆる努力を払わねばなりません。そしてこのことを可能にするために、宇宙エーテルの中には真の生きた思考内容が働いている、と心から確信していなければなりません。このような宇宙宗教的な態度をとらないかぎり、子どもに対する正しい態度は持てないでしょう。この態度こそが大切なのです。

それではいったい、なぜこの態度が大切なのでしょうか。歪んだ思考内容を持った子どもの中で、子どもにそうさせているものはいったい何なのでしょうか。またそのような場合に教育者の側から子どもにどのような働きかけができるのでしょうか。すでに私の述べてきたところからもお分かりになると思いますが、そのような子どもの場合、エーテル体が正しい仕方で形成されていなかったのです。霊界から離れて地上に降りてきたときには、もちろん正しい思考内容だけが宇宙エーテルの中に存在していました。けれどもこの思考内容をエーテル体は正しく取り上げなければならなかったのです。

ここでもう一度ミルク壺の例に戻りますと、ミルクそのものが何らかの意味で間違った形態をとっている、と言うことはできません。それはただ容れ物の形に従っているだけなのですから。もし理屈に合った容れ物があれば、その中にちゃんとミルクを入れておくことができます。しかし偏屈な、文字通り偏屈な人がいて、ミルク壺を次のような形に作り上げ（図例3）、その中にミルクを注いだとすれば、ミルクは下に流れていくことができません。けれどもミルクを容れたその容器の容積を計算するのに、下の部分の容積までも計算に加えたとしたらどうなるでしょうか。これは極端な場合ですが、私たちは身体のミルク壺をいろいろと不手際に作り上げているのです。たとえば底が不安定だったために、ミルクを一月間容れておくつもりだったのに、二十七日目に倒れて、ミルクが全部こぼれてしまったとします。そのように、ミルクの存在は容器次第で変わるのです。私たちのエーテル体の正しい在り方は、人間が霊界からカルマに従ってこの地上にいたり、そしてカルマに従ってエーテル体を受容するときのその受容の仕方にかかっているのです。そのことをよく意識しておかなければいけません。

さて、人間がこの異常なミルク壺とかなり似ているような受容の仕方をもって、この地上界に降りてくることがないとは言えません。たとえばカルマの結果、代謝＝肢体系が正常な仕方で形成されずにこの世に降りてくる場合、代謝＝肢体組織はエーテル体の働きを十分に受け取ることができません。したがってその人は、先ほどのミルク壺のように、頭部においてはエーテル体を十分に受容しましたが、下半身や手足の部分では不十分な仕方でしかそれを受容できずにいるのです。ですから下半身には形成する思考内容が欠けているのです。魂的に劣った多くの子どもたちの場合、このようにして不完全な育ち方をしたエーテル体のことをまずはっきりと意識しておかなければなりません。そして次のように問うことができなければなりません。――「何が成長する子どものエーテル体に健全な作用を及ぼすのか」。

ここで教育上のひとつの原則が問題になってきます。すべての教育にとって必要な原則です。すなわち、この世においては、人間本性のどの部分がどんな現われ方をしていても、その部分に有効な働きを及ぼすことができるのは、人間本性のそれよりも一段高次の部分なのだ、ということです。人間本性のどの部分も、そのような高次の部分を通してのみ有効な発達を遂げることができるのです。肉体を発達させるためには、エーテル体の活動が必要であり、エーテル体を発達させるためには、アストラル体[3]の活動が必要であり、アストラル体を発達させるためには、自我の活動が有効な作用を及ぼすのです。そして自我のためには霊我の活動だけが有効な作用を及ぼすことができます。私はこの観点をさらに霊我以上にわたっても述べることができますが、そのときにはすでに秘教上の行法に関わることになってしまうでしょう。

(3) 神智学の用語で、人間や動物にあって知覚、情動、意識を生じさせる眼に見えぬ「念」の働き。

それではいったい、この法則は何を意味しているのでしょうか。或る子どものエーテル体が何らかの仕方で萎縮してしまっていることが分かったら、皆さんは自分のアストラル体を使って、それが子どものエーテル体に良い作用を及ぼせるようにしなければなりません。ですからこの教育原則を次のように図式化することができます。

子ども		教育者
肉体	←	エーテル体
エーテル体	←	アストラル体
アストラル体	←	自我
自我	←	霊我

教育者のエーテル体は、子どもの肉体に有効な働きかけができるような在り方をしていなければなりません。そしてこのことができるように、教員養成期間中、十分に準備されねばなりません。教育者自身のアストラル体は子どものエーテル体に、その自我は子どものアストラル体に有効な働きかけを行なうことができなければなりません。その次の段階は、おそらく皆さんには恐ろしいと思われるでしょうが、次は教育者の霊我が問題になるのです。皆さんは、自分の霊我はまだ発達していない、と確信していらっしゃるでしょうけれども、その霊我が子どもの自我に有効な働きかけをしなければならないのです。それが教育の原則なのです。そして理想的な教育者の場合ではなく、しばしばもっともひどい

教育者の場合にも、そして当の教育者自身がそれを全然意識していなくても、教育者の霊我が実際に子どもの自我に有効な働きかけをするのです。このように教育実践は、秘儀の行為であるとも言えるのです。

けれども今は、子どもの萎縮したエーテル体に教育者の健全なアストラル体が働きかける場合を考えようと思います。いったいこの関連において、今日の教育者のアストラル体はどのように教育されることが、自己教育されることが必要なのでしょうか。人智学は現在のところ、ただ刺激になることができるだけで、すべての問題について、すぐにそのためのゼミナールを開くことはできませんが、いずれにせよ、教育者のアストラル体は、子どものエーテル体の萎縮した部分に本能的な理解が持てなければならないのです。

たとえば子どもの肝臓部分のエーテル体が萎縮していたとしましょう。その場合、子どもは常に何かをしようとする意図を持ちながらも、その意志が行動の一歩手前で立ち止まってしまうのです。そのようなとき、教育者がこのことに感情の全エネルギーをもって内的に関わり、この停滞を一緒になって感じ取り、それに自分の心を同調させることができるならば、自分のアストラル体で、子どものこの状況をよく理解できるようになります。そして次第に子どもの態度に対するあらゆる種類の主観的な共感や反感を消し去ることができるようになります。

教育者が自分の主観的な共感や反感を排除することは、自分自身のアストラル体に良い自己教育的な働きかけをすることなのです。たとえば行こうとするのに行けない子どもの態度に対して、教育者がすぐに共感や反感をいだくかぎり、どんなにわずかでもそれによって興奮させられてしまうかぎり、有効な教育はできません。子どものそういう態度は、いつでも病的な状態にいたりうるのですが、まったく病的な場合には、歩行する能力がないのではないかと思えるほどです。教育者がそのような現象を前にして、それを客観的に眺め、何も心を動揺させないでそういう態度に心を同調させるようになったとき、正しい態度で子どものそばにいることのできるアストラル体を持つことができたのです。それさえできれば、後のことは、多かれ少なかれ正しく配慮できるでしょう。なぜなら、愛する皆さん、人が教育者として表面的に語ったり、語らなかったりすることが、本質的にはどれほどどうでもいいことなのか、皆さんにはとても信じられないでしょう。教育者としての自分がどのような存在であるか、ということだけが本質的に重要なのです。

しかしどうすれば、このような理解を持てるようになるのでしょうか。それには人間という存在そのものの不思議さに対して、関心を深めていくことです。今日の文明は、人間存在の不思議さへの関心をまったく失っています。ですから今日の文明は大切な問題を、重度の精神病者の問題を理解できないのです。理解できないのが当然です。私たちはこうした事柄を文明社会の内部で取り上げなければなりませんが、今日の文明社会の内部では、私たちが今学んでいる事柄を私たち自身の手によってすべて実践できるわけではありません。ですから非常に大切なのは、皆さんが決して狂信者にならないことです。初めから人智学の狂信者にならないことです。実際生活に秘教的な態度で関わろうとする場合には、ある真実がどこまで社会に通用するかをよくわきまえていなければなりません。ですから今日、こうした事柄を伝えようとする人びとの集まりをいくら狭く限定しても、しすぎることはないのです。なぜなら今日の文明社会に生きる人びとは、多くの場合、従来の基準に従って判断しないことがなぜ必要なのか、理解できないからです。けれども私たちはそのことを理解できなければなりません。そして状況をよく判断して、原則の通用するところでは通用させていかなければならないのです。

このことは特に治療教育の場合にあてはまります。前述した原則を可能な限り生かそうと努めてください。大人の人格障害に対しては、この原則を通用させることができません。なぜならその場合には、警察が介入してくるからです。治療教育とはまったく異質な法律の介入があれば、このような原則を生かすことはできません。法律には個的なものを顧慮する余裕はなく、それはもっぱら一般的でしかありえないのです。法律は、健常者でない人を扱うときには、どんなときにも有毒なのです。とはいえ私たちは法律なしではすまされません。皆さんは狂信的な仕方で問題を処理することはできません。それを可能な範囲内で、自然な仕方で生活に取り入れなければなりません。

重度の精神疾患を前にして、皆さんが現在なされているような仕方で心理描写を、つまり症候の記述をするとします。現在通用している見方からすれば、その人はあらゆる種類のばかげた振舞いをします。今日の人は、その場合何が問題なのかを全然考えようとはしません。何も反省しないのです。

いいですか、その場合問題は次の点にあるのです。まったく異常な生き方をしているこの誰かは、それゆえにこそ前世において、非常に重要な人物であった可能性、天才的な一生を送った人である可能性があるのです。そのような天才の人生がこの前の前の生涯であったとします(図例5)。そしてその次の人生において、その人は比較的若い時期に牢獄に閉じ込められてしまい、全然この世と関係を持つことができなくなってしまったとします。そのような人は牢死して霊界で生き続け、そして今、精神障害を伴なってふたたび地上に現われてくることがあるのです。彼の地上生活が完全に肉体とエーテル体の体験をしていなかったために、その体験内容を十分に消化できず、人体の内部組織について無知なまま、地上に受肉してきたのです。その人は自分の肉体とエーテル体に関わりが持てずに、その外に留まっています。肉体を使用することができないので、今異常な行動に出てしまっています。私たちがその人の肉体とエーテル体から目をそらして、そのアストラル体と自我だけに目を向けることができれば、彼が何者であるか、どうしてそのような生き方をするのかが理解できるようになるのです。

ところでそのような人を、その人の子どものときを、私たちが受け持つことになった、と考えてみてください。私たちはその子の肉体とエーテル体に関わりを持とうと絶えず試み、そのたびにふたたび追い返されます。それを図例に示せば、ここに肉体とエーテル体があります（図例6）。そしてその中には、十分の準備なしに形成された、正常でない器官が存在しています。アストラル体と自我がその中に入っていこうとします。いたるところで入っていこうとしますが、正常な仕方では入っていくことができず、そのつど入っていくのに苦労しなければなりません。たとえば肝臓と胃の中へ入っていくために、そのつどアストラル体と自我は苦労しなければなりません。この苦労が嵩《こう》じると、独特の仕方で異常なリズムが生じます。苦労の結果、自我は瞬間的に強められ、そしてふたたび弱められます。その子は、あるときは強度の肝臓や胃の感情を持ちますが、それが意識される以前に、すでに弛緩した肝臓や胃の感情を持ちます。このようにして常に振子のように、烈《はげ》しい肝臓や胃の感情と弱められた肝臓や胃の感情とのあいだを往き来します。その結果、正常な仕方では自分の身体を使用できなくなってしまうのです。なぜなら身体を使用するには、このようなリズムを生じさせることなく、アストラル体と自我が落ち着いた状態で個々の器官に入っていかなければならないからです。

　けれどもどうしたらこうした事柄を理解できるようになるのでしょうか。それにはほぼ以下のような仕方で、その経過全体を見通せなければなりません。

　非常に頭のいい人がいたとします。けれどもその人は時計の修理などしたことはありません。あるとき彼は止まってしまった時計を自分で修理しなければならなくなりました。彼は時計を直す代わりに、それを完全に壊してしまいました。どんなに頭のいい人にも、こうしたことが起こります。頭が悪いからでなく、生じうるさまざまな可能性が見通せなかったために、そのような失敗をするのです。それと同じように、霊界から地上に降りてくるに際して、天才的な人物がその天才性にもかかわらず、受肉に失敗してしまうことがあるのです。ただその失敗は短期間だけのことではなく、生涯全体にわたるのですが。

このことは、いわゆる精神疾患となって現われるすべての事柄を、細部にいたるまで愛をもって見つめることを求めています。そして心理描写、あるいは魂のいとなみの単なる症候上の記述を超えて、この精神疾患の中に働くカルマ的な関連に、あるいはいわゆる精神病の人とその生活状況との結びつきに注目することを求めています。そのような場合の生活状況は信じ難いほど興味深いものです。その際必要なことは、客観的な仕方で観察することです。そうすれば精神疾患に深い関心を寄せることができるはずです。

精神疾患は最高の叡智の歪《ゆが》んだ模像なのです。そこでは霊界が自分の方から扉を開いてくれています。ただその入口は、歪んだ形をしています。私たちがそれを興味深いと感じれば感じるほど、しかも大げさにではなく、深く内的な仕方で、異常な魂の在り方に興味を感じれば感じるほど、この扉は開かれるのです。

異常さが肉体とエーテル体を直接捉えるとき、すでに述べたようなリズムが現われます。

それはアストラル体と自我が烈しく働くことの結果、肉体とエーテル体が強く捉えられ、克服され、そしてふたたびその働きが弱くなることによって生じるのですが、このようにして、強い干渉と弱い干渉のリズムとして現われてくるものに私たちが深い愛を持って接するならば、後にこのリズムが克服され、通常の場合よりもはるかに集中的な仕方で肝臓や胃が捉えられた後で、行為の天才がそのような精神障害者の中から現われてくることができるのです。もし教育者からのそのような接し方がなされない場合、この問題は死と再生のあいだで解決されるまで、放置されることになります。

どうぞ考えてください。障害のある子を教育するということは、そうしなければ、あるいは間違った教育を与えたならば、その子が死に、そしてふたたび次の地上生活に生まれ変わるまで、待たねばならないであろうようなことを行なうことなのです。それほどにまで深く子どものカルマに関わることなのです。このことをよく意識しておかなければなりません。障害のある子の教育は、どのような扱い方をする場合にも、その子のカルマに干渉することになります。そして当然のことですが、干渉しなければならないのです。カルマに対する干渉を正しく行なうためには、或る種の事柄が克服されなければなりません。

或る種の事柄を克服するということについて、ここにも参加しておられ、ブレスラウでの農法講習会[4]にも参加しておられた人たちは、ひとつの実例を体験しました。それをここで申し上げたいと思います。それはこういう事柄についての正しい考え方を示してくれるでしょう。私はブレスラウでの農法講義において、農法を正しく行なうための若干の原則を取り上げました。その連続講義には、年配の農業家が参加しておりましたが、彼は古くからの人智学協会員でした。彼はこの講習会のあいだ中、一定の感情をぬぐいきれず、議論の際にも常にこの感情を表に出して、次のように主張しておりました。「けれども、そういうことをしたら、オカルト的手段を実際生活のために利用することになってしまいます。そういうことは道徳的観点から言って、やりすぎであると言えないでしょうか。利己的な仕方で利用することにはならないでしょうか」。――この人はそのような小心な態度から先へ進むことができず、このような事柄を利用することに黒魔術の臭いを嗅ぎつけたのです。

(4) 一九二四年六月七日から十六日までのカイザーリング伯爵家の所有するコベルヴィッツの農園で開かれた「生物学的力動的農法」のための講習会のこと。

もちろん扱い方如何《いかん》では、それは黒魔術になってしまいます。ですから私は、その機会にはっきりと次のように述べました。「確かに、どんな事柄にも道徳が存在していなければなりません。この講習会に参加した人びとも道徳的態度で社会に奉仕し、農業の発展に寄与しようとしているのだと思います。ですからこの農法を行なう仲間は道徳的な仲間でなければならず、その正しい利用を義務として持っていなければなりません。神々も魔術を行使します。白魔術と黒魔術の区別は、もっぱら次の点にあるのです。白魔術は道徳的な、無私な態度をとり、黒魔術は不道徳な、利己的な態度をとります。それ以外の区別はどこにも存在しません」。

私たちが障害のある子どもたちの教育を行なう場合にも、不道徳な適用も可能であるような手段しか用いることができません。そうでなければ、どんな問題提起も単なるおしゃべりになってしまいます。大切なのは、責任感を強く持つことなのです。

愛する皆さん、今日の時代状況の中で、もし私たちがもっと強い責任感を持つことができたなら、もっと多くのことがやれるでしょう。このことは皆さんにはっきり申し上げなければなりません。けれども私たちの時代には、良心的な態度があまり育成されていませんので、まさにそれゆえに、多くのことについて沈黙せざるをえないのです。何かやれることが眼の前にあれば、人びとはそれをやろうとします。何かをやろうとする欲求を人びとは持っているのです。しかし本当に新しい行為が問題になり、これまでにあった衝動を継続するのではなく、新しい衝動を霊界から汲みとらなければならなくなるや否や――そのことはどうしてもしなければいけないことなのですが――、ただちに責任感と良心的な態度とが求められねばならなくなります。その場合、問題の本質がどこにあるのかを知るときにのみ、責任感が強められ、良心的な態度が促進されるのです。

教育に関して言えば、死と新しい生とのあいだでなければ遂行できないような、カルマへの深い関わりを教育が行なうのだということを、私たちは知らなければなりません。障害のある子どもを教育するときには、未来における神々の作業を現在すでに行なうことになるのです。このことを理論として受け取るのではなく、心の中にしっかりと作用させるならば、私たちは常に、今なさねばならぬ事柄を行なうのか、それともゆるがせにしてしまうのかの決断の前に立たされるでしょう。けれども次のことを忘れてはなりません。霊的衝動によるどんな歩みも、右にも左にも眼を向けながら、内的な勇気を持って新しい決断をするように促されるのです。

地上における通常の生活なら、この内的勇気を持たずとも暮らしていけます。その生活の中では、慣れていることだけを行なっていればよいのです。そこでは自分の中にすでに在る基準だけを頼りに生きていけますから、新しい見方をする必要を感じないですみます。物質世界でいとなまれる生活ならそれでいいのです。けれども霊的な衝動に促されて生きるときには、毎日、毎時間、決断の前に立たされていると感じないわけにはいきません。どんな行為も、行なうこともできるし、行なわないこともでき、そしてまったく中立な態度をとることもできます。ですからどの方向を選んだらいいのか、その決断の前に立たされていると感じないわけにはいきません。そしてそのような決断の際には、まさに勇気が、内なる勇気が必要なのです。私たちの問題である教育の分野で何かを行なおうとするときには、この覚悟が何にもまして必要な条件になります。問題の大きさを十分に意識し、お前は神々がいつかその子の死後になすであろうような事柄を、現在行なおうとしているのだ、と感じるときにのみ、私たちは眼を見開くことができます。このことを意識することは非常に大きな意味があるのです。このことをメディテーションを通して、受けとめてください。そう考えることができるということは、大きな意味を持っています。このことを毎日メディテーションを通して魂の眼前に置くとき、日々の祈りのように、毎日それを瞑想するとき、それは障害を持った子どもに正しく向き合うのに必要なアストラル体の在り方を私たちの中に生み出してくれます。私たち自身が自分をそのように作り上げなければならない、と信じることができるようになったとき、そのときはじめて私たちはさらなる事柄を語り合うことができるのです。ですから私たちは以上の事柄を序論として考察したのです。どうぞこの点を真剣に考えてみてください。私たちがここで語るような課題に関わっていくつもりならば、心の準備をすることが何よりも大切なのですから。

第三講　精神遅滞とてんかん（一九二四年六月二十七日）

愛する皆さん、私たちはいわゆる健常でない子どもの場合のエーテル体、肉体、アストラル体および自我が相互にどのような関係を持っているか、述べてまいりました。昨日は、宇宙エーテルの中に存在する思考内容にふさわしい仕方で結びついていないと、エーテル体が異常な仕方で形成される、と述べました。その結果、さまざまな方面での障害が現われるのです。この点が理解できたなら、この連続講義の中からも、たぶん確信を得ることができるでしょう。その確信とは、必要とされる魂の気分さえ教育の現場に持ち込むことができれば、方法に関しては個々の場合に、子どもの個性に応じて、そのつど見つけ出すことができるはずだ、という確信です。

とはいえ、私たちははじめに必要な知識を身につけておかなければなりません。まず必要なのは、今日の精神病理学の方法によっては、いわゆる精神疾患について何も認識できない、と悟ることとです。病気の本質が認識できれば、個々の治療法も見出せるはずです。

ですから個々の場合の必要な処置の仕方を覚えることよりも、もっと基本的に大切なのは、原則として、正しい病理学による正しい診断がおのずと治療法を見つけ出してくれる、と考えることです。

さて、大人のいわゆる精神病は、多くの場合、この連続講義の中でも取り上げる諸理由から、完治することは困難です。たとえ霊学の観点を導入できたとしても、少なくともきわめて困難な状況を通過しなければ、完全な治療は期待できないでしょう。完全な治療を可能にするためには、大人の精神障害者のための独自のサナトリウムが必要です。そこでなら、どんなに困難であるとしても、完治することができるでしょう。

私がここで取り上げるのは、子どもの場合です。子どもの場合は、正しい教育的処置によって十分な成果を上げることができます。大人の場合には治療が困難であると思われている、たとえばてんかんでさえも、幼児期の段階でならば、それを快方に向かわせるどころか、完治する可能性も十分にあるのです。ただし事柄の本質を正しく見ることができなければなりません。私たちが移行の原則、つまりまず根底にあるものを洞察し、それからなすべきことへ移行するという原則を学ぶことができるならば、個々の場合に応じて必要な指針を見出すことができます。ですから、まず私たちは病気の根底に何が存するのかを知らなければなりません。

さて、今日の精神病理学がこの根底にあるものを知ることができない理由は、自我組織やアストラル体の存在を夢にも考えようとしないことにあります。エーテル体でさえも、今日まで繰り返し否定されてきました。名称にこだわるつもりはありませんが、ハンス・ドリーシュ[1]のような人たちが或る種のそれに似た概念について理論的に語るときにも、エーテル体そのものを認識しているわけではないのです。そのような人たちでさえ、エーテル体を認めることを恐れています。とはいえ、すでに今日の科学は、物質的なものから出発して、有機的、エーテル的なものの認識にまで進んできています。

（1）ハンス・ドリーシュ（一八六七―一九四一年）。哲学者で動物学者。ミュンヒェン大学教授。大著『有機的なものの哲学』で新生気論を確立する。心霊科学にも通じ、現在再評価されている。

さて、今日、アストラル体と自我組織とについて何も理解できないために分からなくなってしまっている重要な問題点を取り上げようと思います。はじめに肉体とエーテル体との関連を考えてみましょう。この関連は受胎から死にいたる全生涯を通じて維持され続けます。なぜなら眠っているときにもそれは維持され続けるのですから。一方アストラル体と自我組織との関連は、眠るたびに中断されます。

そもそもいわゆる精神疾患の本質を正しく洞察しようとするなら、覚醒時における自我組織、アストラル体と肉体、エーテル体との関係が分かっていなければなりません。この相互関係の理解が不可欠なのです。

さて、人智学を学ぶ人たちも、人間が目覚めるとき、アストラル体と自我組織が肉体とエーテル体の中に入っていき、水素と酸素が結合するような仕方で互いに結合する、と信じていますが、そういうイメージを持つのは、本来厳密な概念規定を行なう人智学がそう教えているからではなく、その人たちが古い思考習慣を持っているからなのです。本当はそのような在り方をしていません。見霊的な立場からこれを見れば、次のようになります（口絵裏・図例7――以下同）。

ここに肉体（白）があり、ここにエーテル体（黄）があります。アストラル体（赤）と自我組織（青）がその中に入っていきます。けれども、その移行、つまりアストラル体と自我組織が肉体とエーテル体を捉える過程がすべてではないのです。その際に人間生活にとって非常に重要な別の事実も始まるのです。

まず自我組織を取り上げましょう。目覚めに際して、それはエーテル体と肉体を捉えるだけではなく、体内における外界の働きをも捉えるのです。どういうことかと言いますと、次のような仕方で作用する重力の働きがあります。

目覚めて起床するとき、私たちは重力に逆らってまっすぐに立ちます。この重力について二つの考え方があります。一つは自我が肉体を捉えるときの捉え方です。エーテル体はここでは考えないでおきますが、肉体はもちろん重力に従っていますから、歩くにも重力に従わなければなりません。もう一度言えば、目覚めて自我が肉体を捉えるとき、重たい肉体が地球の重力に従っていますから、自我は間接的に、物質界の重力と関係を持つこと

自我組織　地
水
風
アストラル体——熱——
光
化学作用
生命

になります。これがひとつの考え方です。ちょうど、私が本を手に取るとき、本の重さを通して間接的に重力と関係を持つのと同様です。これはひとつの考え方ですが、それは間違っております。

もうひとつの考え方は次の通りです。自我が肉体の中に入っていき、肉体を捉えます。その際自我は、肉体が重たくなくなるまで深く入っていくのです。自我が入ることによって、肉体は重力を失うのです。ですから目覚めてまっすぐに立つとき、私の意識にとって、自我にとって、自我組織の身体形式である熱生体にとって、重力は克服されているのです。自我は重力と間接的に関わるのではありません。自我は直接重力と関わり、肉体を重力から遮断するのです。これが大切な点なのです。皆さんが歩くとき、皆さんの自我組織は地球の重力の中に身を置きますが、肉体による回り道をとるのではなく、大地の力と直接関係しているのです。

エーテル体も同様です。エーテル体もいろいろ物理的な力と連結しています。そのような力のひとつを例に挙げてみましょう。私がよく引き合いに出すことですが、人間が大地を歩むとき、非常に強い浮揚力を利用しています。私たちの脳は平均一五〇〇グラムの重さがありますから、この重さが脳の底を走る細い血管を圧迫したとすれば、血管はたちまち押しつぶされてしまうでしょう（図例8）。しかし脳は血管を圧迫しないで、脳水の中を泳いでいます。脳水によって浮揚の作用を受けています。脳は自分が排除した水の重さだけ重さを失っているのです。その排除された水の重さは、脳自身の重さよりほぼ二〇グラムだけ軽いので、脳はわずか二〇グラムの重さで底を押しているのです。重たい脳は、浮揚力によってその重さが軽減されているのですが、そもそも私たちはこの浮揚力の中で生きているのです。私たちのエーテル体もその中で生きています。ですから私たちの自我組織がエーテル体の中に入り込むときにも、この自我組織は間接的に浮揚力の中にいるのではなく、直接その中にいるのです。私たち人間のすべての本性が、地球上のすべての力、すべての物質界の作用力と関係しているのです。しかも間接的にではなく、直接的にです。

そもそも私たちの自我組織は、地球上の作用力とどのような関係を持っているのでしょうか。第一に引力によって地上の作用力と関係しています。なぜなら、愛する皆さん、物理学者が物質素材と名づけるものは、存在していないのです。実際にはもろもろの物質の力だけが存在しているのです。もちろん力の中には、重力もあれば、電力や磁力などもありますが、皆とても似ていて、正常の人間の覚醒時の自我意識は、これらすべての力と直接関係し、その中で生活しているのです。地球上のすべては、これらの力なのです。

自我組織はまた、水として一般化されるすべて、つまり均衡状態を生み出す力のすべてとも直接結びついていますし、気体のすべて――物理学には通常の力学のほかに、流体力学、気体力学がありますが、それは水の均衡過程や大気中の気象過程がそれぞれ独自の力の働きを現わしているからです――、この気体のすべてとも直接結びついています。さらに普遍的な熱の力の一部分である物質界で働く熱の力とも直接結びついています。

私は「熱」に線を引きましたが(57頁の図表)、それは熱の働きが物質界とエーテル界の両方に及んでいるからです。

私たちが目を覚ますと、霊的存在である自我組織は、自分を地上の力の世界の中に移します。そのときの関わり方は物質的ではなく、魔術的です。ただその関わりは、空間的にしか成り立ちません。私たちの身体組織が空間的に限定されているからです。自我組織のこの関わり方が物質的ではなく、魔術的であることを理解しはじめると、皆さんは非常に多くを得たことになるでしょう。

次にアストラル体について言えば、アストラル体もまた、覚醒時においては、エーテル体だけではなく、肉体のある種の力とも直接関係しています。つまり熱の力の一部分とです。そしてその熱の一部分が身体器官に、他の部分がエーテル器官に作用しています。さらにアストラル体は、光の力とも直接関係しております。霊学にとっての光は、今日の物理学が理解しているものとは異なっています。いま理論的に問題を論じるつもりはありませんが、私たちの周囲の世界を照らし出し、それを知覚できるようにしてくれるものの根底には、もちろんエーテルの作用が存在しています。光はエーテルの力なのです。

今日《こんにち》の科学は、光の本質をすでに解明していると考えていますが、霊学は、たとえば「音響知覚の光」というように、他の知覚内容の根底にあるものをも光と考えます。音の知覚に関して、今日の物理学は音響の外的対応物として、たとえば空気の振動を問題にしますが、空気の振動は音の単なる媒体にすぎません。本当の音はエーテルの働きであり、空気の振動はこのエーテルの振動の結果にすぎないのです。光は臭いの知覚の中にも働いています。要するにすべての知覚には、今日の物理学が光と呼んでいるものよりもはるかに普遍的な「光」がその根底にあるのです。光をこのように語ることは確かに人を混乱させることかもしれませんが、十二、三世紀までの古い科学は、光について、このような考え方をしておりました。その後この光についての理解が失われ、別の解釈を試みるようになったのですが、それはもっと不完全な解釈だったのです。ですから十二世紀以後になると、錬金術の書物が理解できなくなったのです。

皆さんにとって、光をこのように広義に解することは重要なのです。なぜならアストラル体は、エーテル体による回り道をとらずに、この光と直接結びついているのですから。アストラル体は地上のすべての知覚内容と直接関係しているのです。これはまったく興味のある事実です。光は、外ではエーテルとして働き、私たちの内部ではエーテル体となって働いています。外の光が内なるエーテル体となって働いています。けれども目覚めたときの私たちのアストラル体は、内なる光だけではなく、外なる光の中にまで、結びつきを拡げていきます。

エーテル界の化学作用にも同じことが言えます。目覚めたときの私たちのアストラル体は外なるエーテル界での化学作用の中にまで、直接結びついていきます。そしてこのことは特別重要です。なぜならそれが意味するのは、目覚めているときの人間が宇宙の化学作用と結びついている、ということなのですから。今日の化学は、没生命的な科学現象か、せいぜい有機化学の若干部分のことしか知らず、普遍的な宇宙の化学作用についてはまったく知らないのです。しかし朝目覚めた私たちはこのような化学作用、つまり化学エーテルの働きに結びつきます。同様にまた普遍的な宇宙生命、つまり生命エーテルの働きにも結びついています。すべて直接的にです。(2)

(2) シュタイナーは、物質界が固体(地)、液体(水)、気体(空)および熱(火)の四つの状態に区別できるように、エーテル界をも熱エーテル、光エーテル、化学(音)エーテル、生命エーテルの四つの状態に区別している。

いま私が皆さんに素描してみせたのは、私たちが第一の身体である肉体から次第に第二の身体であるエーテル体を作り上げ、さらには第三の身体であるアストラル体をも作り上げるときに必要な事柄です。それは私たちが自分自身の内部に沈潜し、自分自身の存在の奥深くで、地上的、宇宙的な原動力にまで触れることを意味します。そうすることができたとき、人間は自分自身を通して宇宙を認識できるに違いありません。今日の科学においては、ただ一つの分野においてのみ、このことがまったく明らかにされています。そこでのみ物理学は他の多くの分野でもそうであるべきであるような在り方ができています。その分野とは眼の組織にほかなりません。

物理学者のように、眼球を物理装置、物理器具として考えてください。眼を理解しようとする人は、レンズによる光の屈折、客観的な像の形成などのことを考えています。ただ物理的な作用がどのようにして魂の体験になるのかについては考えようとしません。ただし、その考え方全体には非常に興味があります。このような仕方で物理学的に考えていきますと、全体の見取り図が得られます。しかしそこから先へは進めません。

人びとは脳を通って、魂の領域内にまで入っていこうとします。どうぞその際のおどけた哲学考察のとんぼ返りを眺めてください。精神物理的並行論とか、相互作用論とかという興味のある、しかし根本的には正しくない理論のすべてをです。実際には、眼の中において、自我組織とアストラル体とが物質的な諸事象の中にまで直接働きかけ、そして物質的なものを認識するのです。

眼の場合にこそ、事実を正確に捉えることがもっとも容易です。なぜなら眼の器官は独特の仕方で他の身体部分から独立していますので、そうせざるをえないからです。眼は胎児の発達過程で外から組み込まれました。眼はそのように作られていますが、人体のすべてもそのように理解できるのです。私たちは人間全体を内的＝物理的に、または霊的＝物理的に、一種の「眼」として理解することができるのです。そうすれば、地上的な諸力に加えて、さらに一見捉えがたい光の諸力をも人間の中に見出すことができるはずです。そのような人体組織の内部で、本来外界から人間の中に入ってきたこのエーテルの「光」は、自我組織とアストラル体によって直接捉えられ、物理的に構成されるのです。私たちはこのことを認識できなければなりません。

しかしこの問題は、障害のある状態においてはどうなっているのでしょうか。その場合、何らかの特定の器官が——人体組織全体ではありません——正常に作用せず、そのため外界との以上のような結びつきを直接見出すことができなくなっているのです。どこかの器官がいわば邪魔をしており、この器官のために、外界と直接結びつけないでいるのです。そのような場合、何が生じるのでしょうか。どこかの器官、たとえば肺を取り上げてみましょう（図例9）。

目覚めたとき、人間の自我とアストラル体が外界と結びつけないような仕方で、その肺は体内に組み込まれているのです。目覚めたときの自我とアストラル体が肺の中には入っていけても、外界にまでは出ていけないように、何かが睡眠中の肺にさせているのです。

自我とアストラル体は肺の中に押し込められはしても、そこから出ることができなくされているのです。健常者の場合ならば、人間のアストラル体は、体内に沈み込み、そしてふたたびそこから外界のあらゆる方向へ出ていきます。肺はただ、その移行を仲介できるだけでなければならないのです。ところが今、肺がそのような移行を可能にしないで、アストラル体と自我を、人間が目覚めたときに、しっかりと捉えて離しません。不幸なことには、このような状態においても人間は目覚めてしまいます。

目覚めると、肺の中に特別な化学作用による精妙なエーテル素材の浸潤が生じます。肺に対して特別の親和力を持ったエーテル素材が肺を満たすのです。そうすると肺は刺激を受け、その結果人間が目覚めるのですが、しかし目覚めても、意識を手に入れることはできません。意識を手に入れるためには、外界へ出ていかなければならないのです。自我とアストラル体が外界に出ていったとき、人間は意識を手に入れます。自我とアストラル体がただ入ってきたとき、人間は目覚めます。そして外に出ていったとき、意識を得るのです。体内に立ちどまったままの状態にいますと、健康な仕方で意識を失っている眠りか、病的な無意識状態に変わります。つまり目覚めていても、意識を獲得しえない状態に留まるのです。

このようにして私たちは、内側からてんかんの状態を述べることができます。てんかんは特に子どもの時期には、いま述べたような在り方をしているのです。てんかんの本来の問題はここにあるのです。

——てんかん症状の場合、その自我組織とアストラル体が肉体とエーテル体の中に沈潜することはできるのですが、そこから物質界の中へは出ていけず、内にしっかりと閉じ込められているのです。

そこで考えてみてください。たとえば肺の中に入っていき、そこでしっかり閉じ込められて、ふたたび出ていけなくなったときのアストラル体は、どういう状態になっているのでしょうか。アストラル体は肺の表面の内側に押しつけられて、せきとめられています。自我組織もそこに閉じ込められ、せきとめられています。その状態は、外から見ると、痙攣または発作という形をとって現われます。痙攣が現われるたびに、どこかの器官の内側で、せきとめられた状態が起こっているのです。このせきとめられた状態は特に脳の部分に存在していますが、すでに脳と他の諸器官との関係について述べたように、脳のその状態は、肝臓か肺の鬱積の単なる反映、弱められた模像にすぎないのです。痙攣があるときはかならず、自我とアストラル体の鬱積がどこかの器官内部に認められます。そしてそこにこそ、単なる外的な記述に終始してきたてんかん性痙攣の真の原因があるのです。肉体とエーテル体から自我とアストラル体にまで眼を移さないかぎり、この状態を本当に知ることも、痙攣の真の内容を語ることもできません。そこでは器官の内側で、アストラル体と自我組織が、恐ろしいくらいに押し込められていて、外に出られず、外に向かって無理やりに押し合いへし合いしているのです。

以上に述べたことを理解すれば、皆さんはさらに次のように問うでしょう。「子どもの中にてんかんの徴候が現われたとき、私は何をしたらよいのか」。その徴候は痙攣を伴った意識の欠落や、これから述べようとするその代償現象を伴っています。そのような場合、私たちは何をすることができるのでしょうか。

そのような場合、いわば本能的な仕方で、まずその意識障害が、ある種のてんかん症状によく起こるようなめまいの発作を伴って生じているかどうかを確かめなければなりません。

子どもの場合、徴候は萌芽の状態で現われます。意識の欠落がごく短い代わりに、著しいめまいが現われる場合には、自我組織とアストラル体が、均衡力に直接関われないのです。その子の自我組織とアストラル体が、均衡を保つ力と直接関わることができない場合には、体操かオイリュトミーをさせます。つまり亜鈴（図例10）のような器具を与えて、均衡感覚を養う練習をやらせるのです。歯の生え変わりから、思春期までの子どもにやらせるのがいいのです。子どもには二つの同じ重さの亜鈴を与えます。

皆さんは薬剤師のように正確にその重さが同じになるように計らなければなりません。そしてこれを使ってオイリュトミーや体操を子どもにやらせますと、重要な治療の一歩を始めたことになります。次に左手に右手のものよりも軽い亜鈴を持たせて、ふたたび運動させ、次に右手に左手のものより軽い亜鈴を持たせて運動させ、次に重いものを——特別重い必要はありません——一方の足に結びつけて子どもを歩かせ、足にひっぱる力を感じさせるのです。普通、歩行しているときの子は、そのような力を感じていません。子どもの自我組織で、その力を感じ取るためには、足に何かを結びつければいいのです。それからもう一方の足にも同じことをして、子どもがからだの動きに精神的に関わっていけるようにします。また左の腕を伸ばしたり、右の腕を伸ばしたり、両腕を同時に伸ばしたりさせます。さらに片方の足を上げて、もう一方の足だけで立たせることで、重さを知覚させます。要するに、めまいの発作が現われた子どもは大地の力に正しく関わっていませんから、均衡状態を維持することが学べるような運動をさせるのです。てんかんやそれに類似した症状を示す子どもたちを扱うときには、それ以外にもいろいろな力に子どもを関わらせる処置が必要になります。

さてこれまでのところは、そのようにしてやっていけます。特に循環系に障害のあるてんかん疾患の場合、それは良い結果をもたらすでしょう。前述のような症状は本来、体液循環の障害から起こってくるのです。ですから痙攣やめまいを伴うてんかんの発作が、特別の不快感と結びついているとき、それは水(一般化した言い方です)の要素と正しい関係にないことを示しています。そのような場合、体内に摂取する前に、あらかじめ水の要素をできるだけ子どもに意識させ、食べ物や飲み物をよく感じ取れるようにして子どもに提供することが大きな助けになるでしょう。水泳を学ばせることも良い結果を生みます。水泳の練習はてんかん疾患にとっての、非常に良い手段です。ただ問題点を完全に洞察していなければなりません。

患者が特別の不快感を持たずに、意識の昏迷を引き起こすときは、注意深く呼吸を整える練習をさせて、空気との結びつきを作ってあげるのも良いことです。熱との正しい関係を持たせることも必要なので、てんかん症の子どもには、日頃から熱をよく感じ取れるようにしておきます。言い換えますと、通常の子どもでさえも、膝《ひざ》を剝《む》き出しにして、寒い中を半分裸で歩き廻るのは、非常に悪いことなのです。それは盲腸を刺激して、しばしば後年になって盲腸炎を引き起こす原因になります。ですからそうすることは、てんかん症の子に対しては、まさに毒を与えるに等しい行為となるのです。てんかん症の子には、常に汗をかくくらいに着物を着せて、汗でいくぶん身体が湿った状態にあるくらいにしておきます。これは治療の一部分なのです。

今日、鍛練の必要が説かれています。子どもを鍛練して、丈夫な子に育てようとするのですが、その結果は後年陽《ひ》の当たった広場を膝をガクガクさせずには歩いて渡れないような人を作ってしまいます。平気で陽の当たる広場を横ぎることができる人は、鍛練をしないですんだ人なのです。皆さんは立派な紳士が陽の当たる広場を膝をガクガクさせながら渡っているのをご覧になる必要があります。それは概して、鍛練でからだを硬くされた結果なのです。

これまで私たちが問題にしてきたのは、子どもの時期に自我組織を身体の中に正しく導き入れる教育上の作業だったのですが、ここからは、教育に医者が直接関わっていかなければならない分野が始まります。なぜならてんかんの症状が見られるときには、治療手段(薬剤)を用いて問題を解決する必要が生じるからです。ですから薬を使って問題の解決を図ることを恐れてはなりません。子どもにてんかん症状が現われ、アストラル体が問題になっているとき、つまり上部のエーテル体がアストラル体を外界に出ていけなくしているときには、私たち自身が子どものエーテル体に働きかけなければなりません。大切なのは、私たちが正しい道を見出すことなのですが、その前に大切なのは、まずアストラル体が正しく働いているかどうか、を認識することです。

それではいったい、アストラル体が正しく働いているかどうかを、どのようにして認識するのでしょうか。多くのてんかん症、あるいはてんかん質の子どもたちを観察してきた人は、互いに非常に異なる二つの症状を区別するでしょう。一方の症状においては、子どもが道徳的に何も問題を示していません。その場合、子どもは容易に社会に適応することができます。一方のてんかん症、あるいはてんかん質の子どもは、容易に道徳秩序に従うことができるのです。

ところがもう一方で、道徳習慣に従うことができずに、たとえば発作に際して、すぐに暴力行為に及ぶ子どもたちもいます。実際てんかんの発作が暴力行為の仮面をかぶって現われるとき、子どもはしばしばそのことを何も覚えていません。そのようなとき、つまり社会道徳に欠陥が現われたとき、実際に薬を使って、その子のてんかんを克服しなければならなくなります。一般に使用されている薬もありますし、硫黄とかベラドンナのような、私たちによって処方された薬もありますが、それを正しく使用して治療するのです。医学の問題は後で述べるつもりですが、今日は教育的な処置から医学的な処置へ移行する必要のある場合を、どうすれば外から知ることができるか、という問題だけを取り上げたいのです。てんかんの子の場合、特に忘れてならないのは、周囲の社会と良い関係が保たれているときには、外的なトレーニングを避け、特に内的治療法によって働きかけなければならないということです。

そこで問題になるのは、てんかんの症状が、ひきつづいて別の症状に移っていく場合です。昨日私は、思考内容が本来間違うことはありえない、と申しました。そして今ずっと申し上げてきたのは、人間がどのようにしてその思考内容を自分の中に組み込むのか、についてでした。たとえばアストラル体が肺の中にせきとめられるのは、肺の思考内容が正しく肺に組み込まれていないことによるのです。つまり欠陥のある思考内容とはそのような場合のことなのです。私たちが下降するに際して、有機体を正しく支配できず、もう一度それを形成しなおすことができない場合に、そのような思考内容の欠落が生じます。けれども私たちは、以前の地上生活から意志の要素をもこの人生に持ち込みます。意志は個々の器官に分配されています。思考内容は間違うことがありえず、常に正しく、ただ私たちの身体によって、私たちの中に歪《ゆが》んで現われるだけなのですが、その結果身体器官もまた歪んで育成されてしまいます。そういう場合の意志は、同じく地上に受肉してくるとき、そもそも正しい在り方をすることができないのです。意志はまったく不確かな状態でやって来ます。

意志は思考組織の中で育成されなければならないのです。

思考はこの世のどこにおいても決して間違っていることはないのですが、意志は人間が働きかけなければ、ほとんど正しい在り方をすることができません。どんな人間も、正しくない意志をこの世に持ち込みます。その結果私たちは受肉に際して、道徳性を担って降りてくることができません。私たちは道徳性を少しずつ自分で獲得していかなければならないのです。前世における道徳性は、死と新しい誕生とのあいだで、私たちが自分の叡知の育成に取り組んでいたあいだに、全部消されてしまい、とうの昔に発散されてしまいます。私たちは社会道徳を常にそのつど地上生活の中で新たに獲得しなければなりません。まさにこの点にこそ非常に重要な教育の課題があるのです。

私たちは霊界から、没道徳的な状態で生まれてくるので、地上を生きる私たち自身が自分で意志の中に道徳感覚を発達させていかなければなりません。諸器官の中に入っていく意志のために、私たちは道徳感覚を発達させなければなりません。

子どもがことばを習得するとき、それとともに道徳衝動が子どもの中に流れ込んでいきます。それは特別すばらしい眺めです。その場合、模倣がこの上なく内密な事柄にまで関わっていくのを知ることは非常に大切です。

なぜなら教育者や親が子どもの周囲で不道徳な話し方をしたりすると、外的な振舞いではなく、ことばの不道徳的な内実が子どもの深い内部組織全体の中で模倣されるからです。ですからこの場合大切なのは、外界との関係においても、個々の器官の問題ではなく、身体組織全体の問題だということなのです。

そしてその場合の鬱積は、先の場合は思考内容の鬱積でしたが、意志が外へ出ていけないことによる鬱積になります。そしてそれが道徳的欠陥となって現われます。ここに道徳的欠陥の内的原因を見出すことができるのです。つまり、この世以前の状態から降りてきて体内に入り、さらに体内から外へ出ていくべきものが、身体組織全体の中でせきとめられるのです。本来自我とアストラル体は、私たちの周囲の世界の道徳基準を身につけ、社会道徳を生きることができるようにならなければなりませんでした。しかしその霊的、魂的な組織がせきとめられ、身体組織の中にはまり込んで自分を十分に発揮できないときには、決して道徳的態度はとれないでしょう。

このようにてんかんを問題にするとき、一方では道徳分野の上に立つことが必要になります。このことを正しく認識しなければなりません。皆さんは私が述べたようなめまいや意識の昏迷のような症候から本来のてんかん症状を診断しなければなりませんが、道徳分野の欠陥を認識しようとするならば、そのような一過性の徴候ではなく、持続的な徴候を考えなければなりません。

道徳上の主要な障害は、何によって生じるのでしょうか。もちろんすべては、カルマによって生じるのですが、その際は個人のカルマとその人のカルマ的環境との二つを区別しなければなりません。

そこで次のように考えてみてください。胎児が胎内で圧迫され、他の身体部分に比べて脳があまりに狭く形成されたとします。そういう場合、次の点に注意してください。子どものときにあまりに狭い形に育った脳の場合、特に七歳から十四歳までに重要である、脳からの放射が妨げられ、せきとめられます。そしてそのせきとめられたものの模像が脾臓の機能の中に現われるのです。

その結果どうなるでしょうか。この鬱積の結果、道徳判断に関して、子どもは内的な共感を発達させられなくなるのです。道徳への共感が欠けるのです。色盲にとって色が存在しないように、私たちの日常の会話や指導の中に働く道徳衝動が、ある種の子どもには欠けてしまうのです。それによって子どもは道徳盲になります。そのような子に対する私たちの課題は、この道徳盲を除去することです。

そのようなとき、私たちが注意深い態度をとるならば、外形の歪《ゆが》みの中に目立った徴候を見つけ出すことがいつでもできるでしょう。そして通俗的な骨相学の語ることに反すること多くの事実を見出すでしょう。道徳の欠陥を判断するためには、本来私たち一人ひとりによって真の骨相学が研究されなければならないのです。実際、カルマと関係のある道徳欠陥は、無条件に肉体組織の歪みとして現われるほどに強い作用を及ぼしているのです。この分野でこそ治療教育上の努力が特別大切です。昨日述べたような、あの内的勇気と決断力さえ持てれば、指導する際にも、必要な内的な力を持つことができるでしょう。そのためには実際、内的な力が必要なのです。

内的な力によって治癒できるということを、しばしば私はひとつの例を挙げて説明してきました。ある有名なドイツの詩人〔シラー〕が、あるとき骨相学の専門家に見てもらいました。彼はすでに詩人として有名でした。その骨相学者はいろいろおもしろい特徴を見つけ出しましたが、ある個所を調べたとき、突然真っ青になり、何も話そうとしなくなりました。それまでの彼は興味ある特徴について、すべて話してくれていたのです。すると詩人は笑って次のように言いました。「私には分かっていますよ。あなたは私の盗癖を発見なさったのですね。私にはその癖がとても強いのです」。つまり骨相学者はこの詩人が泥棒になったかもしれないことを見てとったのです。ただその盗癖は、詩人の中では詩作への衝動に変わっていたのです。

ですから昨日説明したような仕方で事柄を受けとめなければならないのです。こういう事柄をはじめから一般のやり方で判断してはなりません。実際人間の特性は、二つの方向で発達してきました。

思考や表象の方向と、意志の方向とです。表象能力は泥棒のように、しかもまったく徹底して泥棒のようにならなければ、病んでいると言えます。表象を可能にする脳の組織は、恐るべき泥棒でなければなりません。表象が何かを自分のものにしようとするときには、そこに道徳問題を持ち込む必要はないのです。むしろすべてを自分のものにしようとする感覚が必要です。これがひとつの極です。表象はあらゆる機会に、方々へ手を伸ばして、何かをひったくろうとしなければ、てんかんか何かへの傾向を持たざるをえなくなります。

けれども同じ傾向が意志の中に生じてはなりません。意志は抑制されていなければならず、自分のものと他人のものとを区別する感覚を持っていなければなりません。そしてこの感覚は、外的、社会的な生活の中でこそ養われるのです。考えてください。動物は人間よりももっと表象生活を活発に働かせています。動物が全身の中にすべてを手に入れようとする感覚を持っていなかったら、たちまち飢え死にしてしまうでしょう。しかし人間の場合、それが意志組織の中にまで入り込むことは許されません。それは内的な表象生活の中に留まらなければなりません。

すべてを自分のものにしようとすることがまったく正しい私たちの脳のアストラル作用が、代謝=肢体系の中にまで忍びこんでいくなら、表象活動の中でしか存在すべきでないような傾向が意志の中にも現われてきます。何でも自分のものにしてしまおうとする衝動がでです。幼児が目につくものをすべて手に取り、それを一個所に集めようとするのは、比較的無害な形でのこのような衝動の現われです。もちろん私たちは絶えず自分の中のこうした衝動を克服しています。だからこそ、それほどひどい形では現われてこないのです。けれども私たちの中にそのような傾向があることを忘れてはなりません。子どももまた、普通は他の人のものを持ってきたりはしません。そんなことをしたら叱られてしまうからです。けれども子どもが、他人のものをしまい込んだり、集めたりする傾向を持っているかどうか、注意深く観察しなければなりません。そして病的な現われがいつ始まるかを感じ取れなければなりません。

一定の限度を超えたときに、病的な症状が現われはじめるのです。私たちの社会常識はいろいろなことを判断できますが、どの程度ものを集めることが許されているのかについては何も判断できません。私たちは立派な社会人であっても、郵便切手をたくさん集めることが許されています。そのような収集欲はあまり害がありません。けれどもそれを子どもが真似《まね》したとき、子どもはこの収集欲を意志の領域に持ち込みます。そのような場合には、注意深い態度で子どもを見守る必要があります。昨日述べた関連から子どもを眺め、そしていいかげんな態度でではなく、内的に可能なかぎり活発な態度で、道徳的に子どもと向き合うことが、盗癖というカルマ的、道徳的な欠陥に対しては、特に大切な態度なのです。教育者は心をできるだけ活発にして、子どもが今行なった盗みが人生においてどんなにひどい結果になりうるかを、物語にして、何度も何度も話してあげるのです。このことは子どものカルマの中に本当に深く作用します。

このようにして治療教育の場で働くことができます。私たちが一人ひとり子どもと関わり、全身全霊でその関わりに心を傾けることができるならば、治療教育そのものが道徳的になるのです。

盗癖のある子は皆、非常に興味のある存在です。表象の働きが手や足の爪先にまで入り込んでいます。そういう子どもを教育するときには、このことをあらかじめ知っていなければなりません。物語を聞かせるときに、盗癖のある子どもなら誰でも好んで行なうジェスチャーを入れてするのも、場合によっては必要です。私たちはその子の中に深く関わり、秀れた人物の物語や童話を創作して、盗みがひどい結果を生むことを教えるのです。

皆さん、以上の点をよく考えてください。私たちは盗癖のある子もここに連れてこようと思います。この問題をご自分でさらに考えていってください。そうすれば診断を通して治療にまで進んでいくことができるはずです。

第四講　ヒステリーの本質（一九二四年六月二十八日）

愛する皆さん、今日で序論的な考察を一応仕上げ、明日からは個々の症例の実際的な考察に移ろうと思います。今問題にしているのは、いわゆる魂の病いの本質を本当に認識できれば、治療を可能にすることがかならずできるという立場です。おとなの場合には現在なお多くの治療上の困難が横たわっております。治療にはそのための条件が満たされなければなりません。昨日述べたように、現状のままでは、私たちの社会の中でおとなの魂の病いを治療する条件を満たすことができません。これに反して、子どもには、教育が非常に多くのことをしてあげられます。けれども、愛する皆さん、魂の病気の場合には、ほかの場合よりもはるかに深刻なカルマ的関連を問題にしなければなりません。そのことはすでに述べた通りです。

ですから当然、次のように問うことができなければなりません。ことばに出してではないにしても、無意識的にでも問い、そしてその問いの根底に存する事柄を感じなければなりません。それは、「どこまで回復できるのだろうか」という問いです。

私たちに可能などんな治療も、病人にとってはひとつの喜びです。ですから、それはカルマなのだから、なりゆきに任せるしかない、という言い方に留まってはならないのです。そういう言い方は、外的な出来事に対してならすることができますし、そのような態度をとることもできます。けれども人間自身の内部で自由に流れる思考や感情や行為に関しては、決してそのような言い方をしてはなりません。なぜならその場合のカルマは、さまざまな道を辿ることができるからです。カルマは変化することさえもあります。つまり、カルマによって満たされるべき事柄が満たされないのではなく、さまざまな仕方で満たされるのです。

しばしば胎教が問題にされますが、私はよく次のように述べてきました。子どもが呼吸するようになるまでは、子どもではなく、もっぱら母親自身の生き方や態度だけが問題になる、と。胎児の場合は神々の働きに干渉すべきではないからです。もっぱら母親自身に関わる事柄だけが問題になりうるのです。

ところで、昨日てんかん型の精神病について始めたような、具体的な考察を行なおうとすれば、どうしても肉体、エーテル体、アストラル体、および自我組織を問題にせざるをえません。昨日は子どものてんかん症的な小児病のどんな形態を私たちは取り上げたでしょうか。私たちはどこかの器官におけるアストラル体と自我組織の鬱積が問題であることを発見しました。アストラル体と自我組織の鬱積は、器官の表面ではなく、器官の内側に生じます。器官の内側にアストラル体と自我の濃縮された層が生じますと、それが痙攣の発作を引き起こします。実際痙攣が生じるときには、いつでも次のような経過が生じます。ここにひとつの器官があるとします（図例11）。その中にはエーテル体が入っています。その場合の肉体、エーテル体は、アストラル体、自我に対して、まったく特別の関係にあります。

私たちは誰でも、無機的自然の素材相互の結びつき方について知っています。化学の教えることが完全には正しくなくても、そこに一定の事実関係が存在していることは確かです。原子や重力のようなまだ理論の域を出ない問題ではなく、水素と酸素の結合の仕方は化学式が示している通りです。硫酸つまり H_2SO_4 は、水素と硫黄と酸素が特定の割合で化合したものです。もしこの結合関係が変化すると、それによって生じる化合物はまったく別の性質を示すようになります。個々の元素は同じでも、その結びつき方が異なると、同じ水素と硫黄と酸素が亜硫酸（H_2SO_3）になります。

いわゆる健常者の場合にも、まったく決まった関係が示されています。今私が「いわゆる」と言ったのは、「健常者」という言い方がきわめて小市民的であり、その表現には限界があるからです。一定の限界内では関係はさまざまでありえます。しかしその限界を超えれば、そこに異常な病的状態が生じます。もちろんこの限界そのものにも個人差がありますが。したがって次のように言うことができます。——或る器官の中にアストラル体と自我組織が存在していますが、それらがその器官から、昨日述べたような意味で、肉体を超えて外へ拡がることができずにいるとします。そのアストラル体と自我が器官の中で鬱積し、その器官の内部に過度に存在するために、その器官そのものがアストラル性を感知するようになるとします。適度のアストラル作用が存在するときには、器官はそのアストラル作用を感知せず、器官に属していないアストラル体と自我組織が、それを感知しているのですが、今は感知しないでただ鬱積し、過度に存在しているとします。そうすると、痙攣が生じるのです。だからこそ痙攣の随伴現象として、意識障害が起きるのです。意識障害は常に、意識に直接関わる器官において現われます。

意識と直接関係のない器官、むしろ意識を抑制する器官に鬱積が生じると、意識の喪失ではなく、痛みが現われます。痛みとは弱められた意識ではなく、高められた意識なのです。痙攣そのものは、痛みを伴いません。このことはひとつの事実です。痛みとして現われてくるのは、意識を促す器官ではなく、意識を抑制する器官の中に鬱積が生じる場合です。そのときに、高められた意識である痛みが生じます。これが痛みの本質です。

以上で私たちはてんかんあるいはてんかん性疾患を生じさせるすべての病気の形式を、子どもの場合も含めて取り上げました。それらについては後でもっと詳しく述べたいと思いますが、いちばん良いのは個々の症例について語ることでしょう。

けれども、これとは全然別の場合もあります。すなわち或る器官の表面が、自我組織やアストラル体を引き止めるのではなく、表面があまりに漏れやすいので、器官が十分にそれらを自分の中に引き止めておくことができず、アストラル体も自我組織もせきとめられるどころか、その器官からすぐに流れ出てしまうような場合です（図例11）。表面があまりに通り抜けやすいので、アストラル作用も自我組織もその器官から流れ出てしまうのです。そのような器官の働きを霊視すると、その器官からは何かが漏れ出ています。その漏れている器官は、もちろんその肉体上の対応物である分泌を行なっています。分泌作用は或る種の器官の場合にはもちろん激しく生じませんが、それでもはっきり認めることができます。それについては後でも述べたいと思います。子どもの時期にそのような現象が起きたとき、アストラル体と自我組織をいわば器官の中に引き戻すことができれば、その現象を治療できるのです。

さてこのような内的状態は外からでも分かるような、どんな症状を生じさせるのでしょうか。子どもとおとなとでは異なる現われ方をしますが、精神疾患の形態としてはヒステリーとなって現われます。ヒステリーは誕生から思春期までの時期には特別な現われ方をします。唯物論的に見てしまうと、ヒステリーの諸形態はまったく洞察できなくなり、そして事実に合わないさまざまな解釈がなされることになります。このことはごく一般の見方についても言えます。というのは人びとは今日、ヒステリー型の精神疾患を多かれ少なかれ性生活と関連づけているからです。それどころか、男の性生活よりも女の性生活と関連づけようとさえしています。

いったいどのような場合をヒステリーと呼んだらいいのでしょうか。今日の考え方に従うべきなのでしょうか、それとももっと広い範囲でそれを捉えることができるのでしょうか。それを今問題にしなければなりません。

思春期までの子どもがヒステリーの徴候を現わすとしたら、それを性と結びつけることはまったくできません。十四歳頃までの子どもが示しているのは、アストラル体と自我組織が、器官を突き抜けている状態なのです。子どもが示すのはそのような状態だけなのです。ヒステリーに関しては、すべて従来の考え方から離れないわけにはいきません。従来の考え方は常に特定の既成概念を前提にしてきましたが、そのような前提概念を持っているかぎりは、どんな説明も間違ったものになってしまいます。その意味で、精神病理学の数多くの説明は、はじめから間違っているのです。私たちは今日なされているようなやり方をするわけにはいきません。

それではいったい、実際はどうなのでしょうか。昨日申し上げましたように、障害のある子どもは外界を捉えるのが難しいのです。液体による均衡状態も、空気による均衡状態も、熱の区別も、光の区別も、化学作用の区別も、一般にどんな宇宙の働きの区別も捉えることが難しいのです。てんかん症の子どもは、弱すぎたり、またはあまりにも強く捉えすぎたりするのですが、ヒステリー型の子どもは、環境のいたるところに、重さや熱の中に、自分のアストラル体と自我とを押し込めて、いわゆる健常者には不可能なくらいの集中力で、どんなものでも摑《つか》んでしまうのです。そのような場合、何が生じるでしょうか。次のように考えてみてください。皆さんが掌《てのひら》の皮膚に傷をつけてしまい、その感じやすい部分で何かを摑んだとしますと、その部分は痛みを感じます。なぜなら皆さんの内なるアストラル体があまりにも強く外界と触れ合うからです。

アストラル体と自我組織とは、ある範囲内でしか外界に触れ合うべきではないのです。はじめからアストラル体を外に出している子どもは、どんなものをも、まるで傷ついた手で摑むように、敏感に摑みます。そのように環境に対して超敏感に関わります。普通の人よりもはるかに強烈に、環境を集中して感じ取り、自分の内部においても、それをはるかに強烈に映し出します。ですから自分の中に痛みを感じさせるようなイメージが生み出され、環境に向けて意志を働かせる瞬間に、強烈な痛みを感じてしまうのです。意志を行使しようとすると、あまりにも強すぎる意識が意志の働きに伴って現われ、痛みとして体験されるのです。痛みがいつでも生まれ出ようとする状態にあるのです。その痛みを一生懸命抑えようとしますと、そのあまり、行動はジタバタしたものになります。

このことは、まったく特別な意味でその子の人生を照らし出してくれます。つまりヒステリー型の子どもの行動は、次のように現われるのです。子どもがある痛みを感じても、何も行なうことができず、魂のいとなみは行為へ向かう代わりに、恐ろしく強烈な内的体験を持つのです。子どもは、ぞっとしてそこから逃れようとします。自分自身に恐れを感じてしまうのです。あるいはまた、子どもが行動するふり、仮面をかぶった行動をすることもあります。そのようなふりをするときにも意志が働いているのですが――そのような行動のイメージが問題になるとき、イメージが生じる瞬間に、ときには恐怖が呼び起こされ、その結果、そのイメージが意識できなくなることがあるのです。

意識化される瞬間に、不安を呼び起こすようなイメージはどれも、同時に感情をも活発に働かせます。感情が激しく燃え上がると、抑鬱状態が始まります。イメージによって捉えられないような感情は常に抑鬱的なのです。生じるときに、ただちにイメージによって把握される感情だけが抑鬱的にならずにすむのです。

事実に即して述べられた徴候は、誰の眼にも明らかです。したがってこのような場合の異常性も、その本質が認識できれば、直接眼で見ることができるのです。霊学の観点がこのような実際的な生活領域に及ぶときに大切なのは、眼に見える状態を示すことです。その場合には、抽象的にではなく、生きいきと記述できなければなりません。その記述を読んだ人が、病人を前にしたときに、その病気の本質を見ることができるようでなければなりません。何らかの器官もしくは器官複合からアストラル体と自我が漏れ出ているのを見ることができるようでなければならないのです。

そのような徴候の例のひとつは、夜尿です。子どもの夜尿に対しては、正しい見方が必要です。夜尿の原因はどこにあるのでしょうか。それはアストラル体が漏れ出ることによるのです。すべての種類の排泄作用や分泌作用は、アストラル体や自我組織の活動に結びついています。その活動が正常であれば、排泄や分泌も正常に行なわれます。

ここでも私たちは次のように言うことができます。すなわち自我組織とアストラル体は肉体を通して、いわゆる自然の四大要素である地、水、火、風（固体、液体、気体、熱）と関連しており、エーテル体を通して、自然のエーテル要素である熱、光、化学作用、および普遍的宇宙生命と関連しています。ですから、昔の本能的な霊視力のある人と同じように、物質と霊の区別をしないで言えば、「子どもは魂に傷を受けることがある」とも言えるのです。

「子どもの魂の傷」という言い方を使えば、この魂の傷が治療教育による回復を受けられなかった場合、思春期になってこの傷の女性的形態や男性的形態が現われます。女性的形態は、ヒステリーという性格を持つでしょう。男性的形態は後で述べるように、それとは別な現われ方をします。

いずれにせよ、てんかん性疾患とは正反対の方向にある精神疾患の場合、分泌と排泄の仕方に注意を向けることが必要です。特に子どもの発汗には常に注意しなければなりません。子どもに何かを教える場合、つまり何らかのイメージを呼び起こす場合、そのイメージ内容が内なる傷の口を開き、それが汗になって現われるかどうかに細心の注意を払わなければなりません。

その際或る種の困難が生じます。普通、皆さんはそのような内的状態が作り出された場合、すぐその後で発汗作用が生じる、と思うかもしれません。そういう場合があるかもしれませんが、いつもそうとは限らないのです。なぜなら、不安や遠慮のような魂の傷の場合、その傷の知覚は外傷の知覚と同じようには感じられません。それはまず人間の内部に取り込まれ、そしてしばしば非常に奇妙な道を辿り、すぐにではなく、奇妙なことにはしばらくした後で、三日か三日半経ってから、現われてくるのです。

そのようにしてアストラル体と自我が拡大すると、通常は死に際して生じるようなアストラル体と自我の拡大が生じます。鬱積が問題になるときには、死とは正反対の状態が生じます。てんかんの場合には、生命を体内に蓄えます。そして受肉に際して体内に降りてくるときのことを、異常な状態の下で模倣しようとするのです。一方、今述べた状態の場合には、死において生じることが模倣されるのです。すなわちアストラル体と自我は、死後、生命が崩壊するとともに拡がっていきますが、その過程が今模倣されるのです。

このことが感じ取れれば、考察に必要な事柄を少しずつ身につけていくことができます。まず子どもの内なる存在に対する嗅覚を持つようになり、そしてその流出を嗅ぎつけます。実際に臭いを嗅ぐのです。そのような子のオーラが普通の子どもとは違った臭いを発していることを嗅ぎつけるのです。このことは治療教育における秘教的な部分に属します。実際にこのような子のオーラの発汗作用の中には、何かかすかな死体の臭いのようなものがあるのです。この死の働きの随伴現象である発汗作用はさまざまな理由から現われてきます。その現象はそれに続く三日のあいだに現われます。つまり死後アストラル体と自我の拡張がはじまり、「生前の回想」が生じるのとほぼ同じ期間にです。[1]

（1）死後、エーテル体が肉体から離れた後、それまでの人生がパノラマのように体験されることを「生前の回想」と呼んでいる。

ですから皆さんは、この事実を通して、このような子のイメージ（表象）と意志の関連をはっきりと捉え、そしてその子の次の三日あるいは四日間の状態を辿ってみなければなりません。そうすれば今述べた異常な魂のいとなみが実際に存在しているかどうかが分かります。そのようなとき「私はこの子をどう教育すればよいのか」という本来の問いが、まったくふさわしい前提条件の下に、立てられるでしょう。

このような子どもは、どの行為をとってみても、その子の魂がはっきり表面に現われているような態度をとります。その子が私の周りで行なうすべての中に、その子の魂が流れています。ですから子どもの魂がある人のところにまで流れていったとき、教育者自身の魂の在り方や雰囲気全体がその子の前に正しく提示されているかどうかに、教育のすべてがかかっているのです。

教育者自身がその子のかたわらで何を考え、何を行なっているかが問題になるのです。皆さんがそわそわした落ち着きのない先生だとしますと、その態度のすべては子どもに絶えずショックを与えています。このような性格上の特徴は、気質に関係しており、人が考えるよりもはるかによく見受けられます。それは、学校の先生のあいだで特によく見受けられます。卑俗な表現を使えば、今日のたいていの先生は、始終あちこちとび廻ってはいないでしょうか。絶えずめまぐるしく動き廻る、落ち着かない存在になってはいないでしょうか。そうならざるをえないのです。なぜなら教員養成の在り方がそうなっているからです。

今日の教員養成は実際、身につけるべき知識ばかりを肥大化しています。しかし何よりもまず教職課程をとっている学生たちは――私は今教職課程だけについて語っているので、他の点は考慮に入れませんが――、決して試験に悩まされてはならないのです。なぜなら試験は心に落ち着きのなさを生み出すからです。

こう考えますと、現実に応じた考えを徹底させようとすれば、現代社会の中ではどんなに途方もない状況に陥らざるをえないか、お分かりになると思います。障害児のためにラウエンシュタイン施設を設立したときもそうでした。法規に基づいて、この施設の責任者たちに試験を受けるように勧告がなされたのです。少なくとも一人は試験を受けなければならなかったのです。しかしこれはまったく非現実的なことです。なぜなら試験は落ち着きをなくさせる手段でもあるからです。私たちはこのことを冷静に洞察しなければなりません。そうでなければ、目隠しをしたまま社会に向かうことになります。どうしても試験を受けなければならないときには、試験の後で、こころの落ち着きのなさを解消するほかはありませんが、しかしたいていの人はそうしないのです。

ですから、このような教師の無意識や気質に由来するような、どんなかすかなショックも、子どもに与えないようにしなければなりません。そして必要とあれば、意識的にこのようなショックを与えることもできなければなりません。ショック作用は、前に述べた子どもの症状を治療する最上の手段であることがしばしばあります。しかしそれが有効に働くためには、習慣的な仕方ででではなく、意識的に、よく観察しながら、子どもに対してそうするのです。しかしどのようにしてでしょうか。

ヒステリー性の徴候が認められる子に対して、何かを書かせたり、読ませたり、描かせたりすることによってです。それぞれの子の心身の状態に応じて、できるかぎりの範囲でそれをやらせます。そして時に応じてその作業のテンポをさらにいっそう速めます。そうすると子どもは、傷そのものを背後に追いやらなくても、傷に対する不安を、背後に追いやることを余儀なくされます。子どもの前にいる皆さんの要求によって、子どもは不安に陥ります。そして不安に陥らざるをえないことによって、子どもは人工的に作り出されたその不安の中で、これまで持っていた不安から引き離され、子どもの中から外へ流れ出ようとする心的エネルギーを力づけ、それを固定させるようにするのです。皆さんがこのことを繰り返して行なえば、子どもの自我とアストラル体は固定されるようになってきます。決して途中でやめてしまってはなりません。繰り返し、繰り返し、何度でもそれを行なわなければなりません。授業のテンポを、特定のところで急に変化させるのです。そのためには、授業を完全に掌握できていなければなりません。たとえば四十五分経つごとに、別な教科を取り上げるやり方では、良い結果は何も期待できないでしょう。障害のある子のための授業には、ヴァルドルフ学校に導入されたエポック授業(2)を基礎にした授業ができなければなりません。エポック授業では、中心になる主要な授業時間に一つだけの教科内容を数週間にわたって取り上げ続けますから、たとえば毎日八時から十時までは、数週間にわたって何も時間割を変えずにすみます。そこでは一つの教科に集中して、教授法の観点から正しいと思ったことをやればよいのです。

(2)「自由ヴァルドルフ学校」(またはシュタイナー学校)は一九一九年の秋に、シュタイナーの指導の下にシュトゥットガルトの「ヴァルドルフ・アストリア」タバコ工場の経営者エミール・モルト夫妻によって創設されたが、主要教科を毎日連続して数週間授業する「エポック授業」がその教授法の主要な柱のひとつとなっている。

障害のある子に必要な授業は、このような教育的基礎の上で組み立てることができます。その場合、授業のテンポを変化させるという方法を取り入れることが大切です。そうすることで、子どもの腺の分泌と、さらにはアストラル体の固定化に特別強く働きかけることができるのです。ただその際、しばしばある種のあきらめの感情を持たざるをえなくなるでしょう。なぜなら世間は、子どもがそのような治療教育を受け、健康になったとき、どうしてそうなったのか理解しないでしょうから。世間は治療ができなかったときのことだけに注意を向けます。なぜなら健康な状態になるということは、常に何か当然のことのように思われるからです。しかし健康になることは、それほど当然のことではないのです。

ですからてんかん性疾患の場合には、昨日述べたように、手を使う授業と道徳的な態度が大切でしたが、今日取り上げたヒステリー性疾患の場合には、それぞれの子が課題を克服できるような教授法が特に大切です。ショックを与えるということはそのひとつです。もうひとつは、どのように子どものこころが抑鬱状態と躁状態のあいだを往き来するか、細心の注意を払って観察することです。

このような病気の躁と鬱の変化はどうして生じるのでしょうか。子どもがこころに傷を持っており、意志を十分に発揮させたくないと思っているからです。意志が意識の働きに作用できないとき、抑鬱状態が生じます。この状態が一定の期間続き、もはや子どもがその状態に耐えきれず、意志を放棄せざるをえなくなると、一種の爽快感が生じます。なぜなら心の傷がそれによってもらされ、流れ出たアストラル体の中に十分浸ることができるからです。こうして悲しい状態と明るい状態との交替が生じます。こうして子どもは別の徴候として、発汗、夜尿症を現わしますが、このような状態の変化に細心の注意を払う必要があるのです。

本当に授業をこの変化と結びつけなければなりません。鬱状態の子がいたとしましょう。私たちがその子と内的に強く結びつき、その子を理解している、とその子が感じ取れたとき、私たちはこの鬱状態に手を差し伸べることができます。けれども、躁状態になったときには、イメージがふくらみ、意志の働きが強まっていますので、ただ悲しさを共有してほしいとは望んでいません。私たちが子どもと一緒に不機嫌になったり、悲しんだりするだけでは、その子にとっては何も得るところがありません。私たちがその子の体験を共有するだけでなく、その子のこころが本当に慰めを受けたとき、はじめてその子は何かを受け取れるのです。

こうした事柄に理解を持つことのできる教師は、すでにそれだけで治療教育の基本を身につけています。たとえば、何かをしなければいけないのに、そうすることができない、と子どもが考えているらしい、とある教師が洞察できたとします。その子は、まとまったイメージを持っているのに、それに従って何かをやることができずにいるのです。しかしその子はどうしてもそうしなければなりません。それができれば、病的な状態に変化が生じます。どうぞそのような子どもの魂のいとなみを研究してください。そして「何かをしたい。しかしどうしてもそれができない。けれどもやはりそうしなければならない」という思いを抱いている魂をよく理解するように努めてください。そうすれば単なる建前だけの教育を超えることができます。

その子の病気のすべてが、今述べた思いの中に現われています。その子はアストラル体と自我が流れ出ている自分を感じています。本当にアストラル体が周囲の世界の中へ流れているのです。「何かをしたい」と感じるとき、そう感じる子どもはすぐさま、外の世界とぶつかり、そして魂の傷の原因になっているところにもぶつかります。そうすると傷がうずきはじめ、「そうすることができない」と感じなければならなくなります。しかし同時にその子は、「けれどもやっぱりそれをやらなければならない」ということをも悟っています。「私のアストラル体は世界に向かい、世界に働きかけなければならない。けれども自分には何もできない。外へ流れ出る私のアストラル体は非常に不器用で、問題に心を向けることができない。私はアストラル体を自由にできない。アストラル体があまりにも勝手に外へ出ていってしまう」。

まさにこのような子の場合にこそ、感覚生活の中にまで突き出ている無意識の働きを、よく感じ取れなければなりません。無意識は恐ろしいほどに賢いのです。無意識は心の在りようを通じて、人間と環境との関係をめぐる事柄についての正しい概念化を行ないます。しかしそれは無意識の中で行なわれますので、意識の中までは昇ってきません。ですから子どものこの内なる思いの発見に努力しなければなりません。そのような無意識の働きは子どもが何か行為をはじめたり、思考を働かせたりするときには、ほとんど常に現われます。どうぞそのような瞬間には子どもの行為の中に入っていき、優しく手を貸してあげてください。子どもの一つひとつの手の動きを自分の手の動きのように感じ取ってください。そうすれば子どもは皆さんの行ないを通して、次のときにはもっと正しく行なえると感じるでしょう。

けれど子どものなすべき事柄をすべて皆さんが自分でやってしまえば、もちろん子どもにとっては何の得るところもありません。皆さんはただ一緒にやるだけなのです。子どもに絵を描かせるときにも、皆さんが自分で描くのではなく、子どもの隣で絵筆を動かしながら、子どもの動きを共にするのです。そのようにして、自分の心の動きにも、皆さんがそばにいて、優しく手を差し伸べていてくれている、と子どもが思えるようにするのです。できるだけ好意を持って子どもの行なうべき事柄を、一緒に行なうのです。そうすることで、その子の魂を優しくさすりながら、そばにいてあげるのです。身近な事柄を観察しながら、私たちのなすべき事柄をその中から見つけ出すようにするのです。

さて、私たちは、霊学から受け取れる事柄をすべて、ただ課題の提出にすぎない、と思わなければなりません。人びとは、こうしなければならない、ああしなければならない、という処方に従って努力します。——障害のある子どものための先生になろうとする人は、完全な先生では決してありえません。どの子もそれぞれが新しい課題であり、新しい謎です。ですから子どもの本質に導かれて、個々の場合にどのようになすべきかを理解しようとすることが大切です。それは骨の折れる作業ですが、唯一の役に立つ作業です。

ですから私たちは教師として、霊学の意味において正しい自己教育を行なうことが、特別大切なのです。

病気の徴候を深い関心をもって辿るとき、私たちは最上の自己教育を行なっています。病気の徴候は、本来何かすばらしいものだ、という感情を持つことが大切です。とはいえ、精神異常者を神のような人間である、と吹聴することは許されません。――今日の時代にはそのようなことをしてはなりませんが、次の点は明らかにしておかなければなりません。すなわち異常な徴候が現われるとき、そこには、霊的に見て、健全な身体を持った人間の活動よりも、もっと霊的な働きが見られるのです。この霊的なものに近い状態は、健全な身体においてはそのようにはっきりとは示されません。このことに気づいた人は、前に述べたような内密な事柄に関わっていこうとするでしょう。

以上で理解なさったと思いますが、事柄の本質に関わる診断と病理学は、本当の治療法にまでいたるのです。

第五講 硫黄過多の子と硫黄不足の子（一九二四年六月三十日）

子どもの魂の異常な徴候は、初めは不確かな仕方で現われ、ずっと後になってから明瞭な形をとるようになります。たとえばヒステリーは、子どもの場合きわめて独特で、しかも曖昧な徴候を示します。子どものそのような異常さを正しく診断するためには、いわゆるカルマ衝動を身体の中に組み込む胎児期のいとなみと、生まれてから十四歳または二十一歳までの子どもの発達期とのあいだの関連を、全体として理解できなければなりません。

今日は初めに、やや理論的な話をし、その後で実例に即した事柄を取り上げるつもりです。ヴェークマン博士が明朝、男の子をひとり連れて来ます。その子はかなり以前からアルレスハイムの臨床治療院で治療を受けてきました。その子どもを例にして、いくつかの徴候を取り上げるつもりです。

しかしその前に、あらかじめ図式的に、人体組織の全体を理解しておく必要があります（図例12の二つの同心円）。この図では自我組織を赤で表わしています。アストラル組織は紫、エーテル組織は黄色、肉体組織は白で表わされています。これから述べることを正しく把握するためには、できるだけ具体的に理解しようと試みてください。人体組織を考えるときには、ここに自我組織があり、ここにアストラル組織があり、ここにエーテル組織がある、等々とは考えないで、ひとつの本質存在を考え、その存在の組織の中で、自我が外にあり、その内部にアストラル組織、エーテル組織、肉体組織がある、と考えてください。ですから、図のこの部分ではいちばん外側に自我組織があり、肉体組織はいちばん内側に入り込んでいます。

これと並んで別な構成が考えられます。その場合は自我組織がいちばん内側にあり、その周囲に外へ向かって輝くアストラル組織、その外側にエーテル組織、そしていちばん外側に肉体組織が存在しています(図例12の下側の二つの図の向かって左)。ですからこの下側の二つの図には、対極をなす二つの存在方式が示されています。その場合、次のように考えることができるでしょう。第一の在り方では、外側に強固な肉体組織があり、その組織の中にエーテル組織が働きかけ、さらにその内側にアストラル組織と自我組織とが潜んでいるのです。

構成が違っているのです。第二の在り方では、肉体組織は上方に向けて十分に発達した姿を示し、下に向けて開いた、萎縮した姿を示します。エーテル組織は下に向けて肉体組織よりももっと発達した姿を示しておりますが、しかしまだ萎縮しております。アストラル組織は下に向けてもっと自由に延びており、自我組織は糸のように下の方に続いているのです。ここでは図式化して丸く描きましたが、実際にもこのような形に見えます。

さてこの点をはっきり理解するために、自我組織、アストラル組織、エーテル組織、肉体組織を次のように描こうと思います。それが向かって右側の下半分の図です。ここでは外側の自我組織は円の代わりに、円を変化させました。自然の存在は常に変形していきますが、ここでも円が複雑な曲線になっています。そして内へ向けてアストラル組織、エーテル組織、最後に肉体組織がこの自我組織に結びついています。ここでは第一の形(向かって左の図)が人間の頭部に変化し、第二の形は人間の代謝＝肢体系になっています。実際、人間の頭部組織の中では、自我が内部に隠れており、アストラル体も比較的内部に隠れており、そして外側には肉体とエーテル体が現われて、顔の相貌を形づくっています。

これに反して代謝＝肢体系においては、外側のいたるところで、熱や触覚の領域で、自我が振動しています。そして自我から発して、アストラル体も内へ向かって振動し、さらにその内部にエーテル体が生じ、そして内部では管状骨にまで物質化されています。

ですから頭部系の構成は自我から肉体まで、内から外へ向かって遠心的に拡がっており、代謝＝肢体系の構成は、自我から物質的なものにまで外から内へ向かって求心的になっております。そしてそれらは絶えず相互に混じり合っていますので、どこで外から内へ向かい、どこで内から外へ向かうのかは、はっきりしておりません。両者の中間の呼吸＝律動系の構成も同様で、半ば頭部系、半ば代謝＝肢体系なのです。息を吸い込むときはむしろ代謝＝肢体系であり、息を吐くときはむしろ頭部系です。ここでは、頭部系と肢体系、吐く息と吸う息が、収縮と拡散の関係になっています。このように私たちは、律動組織の中間部を通して、対極的に配置された頭部系と肢体系という二つの本性を自分の中で結合して担っているのです。それではその結果何が生じるのでしょうか。或る非常に重要な事実がそこから生じます。

次のように考えてみてください。私たちが何かを頭で受け取るとします。たとえば誰かの語ることばの内容を頭で受け取ると、その受け取ったものは、まず自我とアストラル体の中へ入っていきます。しかし、生体内の働きは相互に作用し合っておりますので、自我組織が受け取ったその印象もそこから外へ出ていきます。そうすると頭部系の印象が、肢体系の自我部分にも振動を伝えます。頭部系のアストラル組織に印象が働きかけますと、それが肢体系のアストラル組織の部分にまで振動を及ぼすのです。

愛する皆さん、このことが生じなかったとすれば、私たちは記憶を持つことはなかったでしょう。なぜなら私たちが外から受ける印象はすべて、代謝＝肢体系の中にその鏡像を持っているからです。私たちが外から印象を受け取ると、その印象は肉体から自我へ求心的に秩序づけられている頭部組織の中から消えてしまいます。自我は自分をしっかりと保たねばなりませんから、同一の印象を何時間ものあいだ持ち続けることはできないのです。

もしそんなことをしたら、自我は印象そのものと同じになってしまうでしょう。印象は下部の組織へ伝わり、そこに留まり続け、そして思い出されるべきときに、そのつど表面に現われてくるのです。

このことをよく考えれば、次のような場合も可能だ、と思えてきます。上部組織と対極的に存在している下部組織全体が体内で弱すぎる場合です。その場合も印象が生じますが、その印象は下部組織の奥深くにまで十分には刻印づけられません。自我が印象を受け取るとき、すべてが正常に機能していれば、その印象は下部組織に刻印づけられ、そして記憶となって引き出されます。下部組織では、その周囲に存在する自我組織が弱すぎますと、印象が十分強く刻印づけられず、自我組織と結びつくことなく、印象が絶えず頭の中に反射されるのです。

私たちはあるとき、そのような状態の子に初めて時計を見せました。その子は時計に興味を示しましたが、肢体組織があまりにも弱かったので、印象は沈んでいかず、反射され、「いい時計だね」と言い続けていました。――私が二言、三言話しかけると、もう「いい時計だね」ということばが返ってくるのです。そのような傾向は、ごくわずかしか表面に現われてこないこともありますが、非常に重要な問題を含んでいるので、子どもを教育する上で、このことに注意を向ける必要があるのです。弱い代謝＝肢体組織を強めることができませんと、この反射活動がますます激しくなり、いつか強迫観念を伴う妄想性の疾患を生じさせるのです。固定化された強迫観念が病的な仕方でこころの中に現われてくると、子どもはそれを退けることができません。なぜできないのでしょうか。なぜなら表面には意識的な魂のいとなみが存在していても、深部の無意識は統御されておらず、意識の命令をはねつけてしまうからです。そうすると強迫観念が生じるのです。

ですからお分かりのように、ここで問題になるのは、あまりにも弱く形成された代謝＝肢体系です。あまりにも弱く形成された代謝＝肢体系とは、体内の蛋白質が正しい量の硫黄分を含むことができないでいる状態を意味します。つまり、硫黄分の乏しい蛋白質を生じさせる代謝系のことです。そのような場合に正常ならざる化学量が生じ、その結果、子どもの体内に強迫観念が生み出されるのです。

けれども逆の事態もまた生じます。つまり、代謝＝肢体系が硫黄に強すぎるほどの結びつきを持つ場合です。その場合、蛋白質はあまりに多くの硫黄を含むようになります。蛋白質は炭素、酸素、窒素、水素に比して、あまりにも多量な硫黄分を含有します。そうすると、成分相互の関係から代謝組織が影響を受け、すべてを押し戻す衝動ではなく、反対に過剰な硫黄分によって印象があまりにも強く呑み込まれて、心の深部に根づくようになるのです。このことは前に述べた諸器官の表面での鬱積とは異なります。鬱積は痙攣状態を引き起こします。しかしこの場合は鬱積ではなく、印象の吸収が問題なのです。印象が意識から消えてしまいます。何かを子どもの心に印象づけようとしても無駄です。印象は過度の硫黄を含んだ蛋白質体の中に消え失せるのです。硫黄を含んだ蛋白質体の中からこの印象をふたたび取り出すことができなければ、霊的、魂的、体的な諸組織の中に一定の均衡状態を作り出すことができません。印象が消えてしまうということは、極度に不満足な状態なので、魂は内的に興奮させられます。微妙に静かに興奮しはじめ、人体の組織全体が内部で微妙に震えます。

しばしば述べてきたことですが、現在の唯物論的な精神分析学は、まだディレッタンティズムの域をあまり出ていません。なぜなら精神分析医が魂と霊のこともエーテル体のことも理解しようとしないからです。内面生活の経過を知らずに、ただ記述するだけだからです。記述する以外のことができないので、次のように言うのです。「これらの記憶が意識の下で消えている。それをふたたび取り出さなければならない」。——唯物論者なのに物質の性質を探究できないというのは奇妙なことです。探究できたとすれば、その事態の原因が意志器官の過剰な硫黄を含む蛋白質の中にあることを理解するはずです。物質成分の特徴は、むしろ霊学の道でこそ見出せるのです。

ですから障害のある子を教育する人は、その子が硫黄過多か、硫黄不足かを見抜く眼を持つことが大切でしょう。私たちはさまざまな形式の魂の異常さを語ることができるでしょうが、一定の徴候に応じて、一定の対応ができる力を身につけなければなりません。教育しようとする子どもが、印象にうまく対応できずにいたならば、昨日までに述べた状態や、また今日述べた状態に眼を向ける必要があります。その場合、子どもに対してどのような態度をとればいいのでしょうか。

その子を観察して、その子のことをよく知るようにならなければなりません。まずもっとも目につく徴候を取り上げます。つまり頭髪の色です。子どもが黒い髪をしていれば、硫黄分が不足している可能性が大きいのです。そのような子に異常な徴候があれば、硫黄過多の反対の原因を調べなければなりません。ほとんどの髪の黒い子どもには硫黄が不足しています。そのような子が観念の反復を示すとすれば、なおさら硫黄不足を考えなければなりません。金髪や赤毛の子どもの場合には、逆に蛋白質の硫黄過多を問題にする必要があります。金髪は豊富な硫黄に、黒い髪は豊富な鉄分によるのです。このように霊的、魂的な働きの異常も、物質成分にまで立ち入って考えることができるのです。

さて、活火山にも似た硫黄過多の子どもを取り上げてみましょう。印象が意志の領域の中に呑み込まれ、印象はその中で固まり、出てこられなくなっている子どもです。硫黄過多の子に接すると、すぐこの現象に出会うはずです。

その子は抑鬱状態、憂鬱状態に落ち込むことがよくあります。こころの奥底に隠れた印象がその子を苦しめるからです。ですから印象を意識の表面にまで取り出してこなければなりませんが、今日の精神分析ではなく、正しい意味での精神分析によって、そうしなければなりません。それには子どもの意識の中から多かれ少なかれ消え去っているものに注意を向けなければなりません。そして内的には興奮しているのに、外的には無関心な状態を示すその子が何を容易に思い出し、何をこころの奥底に消してしまうか、ということによく注意するのです。そしてすぐ忘れてしまう事柄を、できるだけリズミカルな仕方で、繰り返して子どもに教えるのです。

愛する皆さん、このようにすれば非常に多くの成果が上げられます。それは人が考えるよりもはるかに単純な仕方ですることができます。なぜなら治療と教育は――そしてこの二つはお互いに親戚同士です――、身体的にであれ魂的にであれ、複雑に作り上げられた手段によってではなく、本来何が役立つかを知ることによって可能となるからです。

私たちの医薬品についても同様のことが言えます。医者は私たちの類似療法の医薬品(1)の成分が何であるかを知ろうとします。しかし一般に医薬品は、それが何の役に立つのかを知るだけで、必要な処方ができます。それが単一の成分であれば、教えられた人は誰でもそれを自分で処方できるようになります。でも、同時に、できるだけ利潤を上げようとしますと、困ったことになります。いずれにせよ、大切なのは、何を処方すべきかなのです。

(1) 類似療法、ホメオパシー。十八世紀後半から十九世紀にかけて、ドイツの医師S・F・ハーネマンによって創始された医学体系のこと。彼によれば薬の効果は薬の成分の量に反比例する。ある物質の成分にアルコールの入った水もしくは乳糖のような中性の物質を十倍量加え、規定の仕方で混合したものをD_1、これに同じ中性の物質をさらに十倍量加えて混合したものをD_2、このようにしてD_{20}から

D_{30}にまで及ぶ。シュタイナーはこの医学を受け継ぎ、さらに発展させ、ヴェレダ製薬会社を設立した。

私がヴァルドルフ学校の中でよく体験したことですが、無関心な様子を見せながら、こころの中では興奮しているような子どもがいるのです。K先生のクラスには、この点で特別奇妙な子がいました。その子は興奮しているのに、同時に無関心な様子をしていたのです。今では、ずっとよくなっています。今は五年生ですが、まだ三年生だったときには、何も教えることができませんでした。そのくらい無関心な態度を示していたのです。何も学ぼうとはしませんから、あまり先へ進めず、学習困難な状態でした。けれどもK先生がその子の後ろから前の席の子の方へ歩いていくと、すぐK先生のお尻を叩きます。内的には意志が落ち着かず、しかも知性は不活発な子でした。

皆さん、多かれ少なかれ同様の傾向を持った子どもは大勢いるのです。このような子どもの場合、概して特定の外的印象だけしか受け入れることができません。そういう子どもに対して正しい心構えができている先生なら、正しいやり方を思いつくでしょう。たとえば、その子のために特定のことばを見つけて、そのことばを覚えさせようとします。そうすることは奇蹟的な効果を生じさせます。大切なのは、決まった方向に向けて努力させることです。どういう方向かは、教師自身が見つけ出さねばなりません。教師が利口になりすぎず、事実をそのまま受け取ろうとすれば、楽に成果が上げられます。事実をあれこれと考えるのではなく、事実を眼に見える通りに受け取るのです。

障害のある子どもを教育するには、特定の心構えを持つことが大切です。若干の概念だけを振りまわして、それだけで処理しようとすることがどんなに不毛で退屈なことかを感じ取ることが大切なのです。このことを忘れてはなりません。若干の概念だけで処理しようとすることは、魂にとって恐ろしく退屈であり、力を損うものです。そういう概念はこころを荒廃させてしまいます。

今日では、すでにあらゆる種類の韻律が詩に用いられてしまっているので、詩人にとって韻律を新たに発見するということは非常に困難です。同じことは、あらゆる芸術領域にもあてはまります。あらゆることがすでになされてしまっているので、何をやっても、すでに先人のやった何かを連想させる結果に終わるのです。リヒャルト・シュトラウスのことを考えてください。彼は今、非常に評判が高く、悪評も高い作曲家です。なぜなら、昔のやり方に従いたくないというだけの理由で、可能なかぎりの響きをオーケストラの中に持ち込んでいるからです。

これに反して、あらゆる種類の鼻の形を研究するとしたら、若干の概念だけを振りまわすことに比べて、それはなんと興味深いことでしょう。どんな人もそれぞれ特有の鼻を持っていますから、あらゆる可能な鼻の形を見ることができるのです。そこには多様な形態が存在しています。そのような研究においては、概念を内的に生きいきとさせる可能性が得られます。そこでは常にあるものから別なものへと移っていけます。そしてそのことは鼻の形に限りません。そもそも眼に見える形態にはすべてそのことがあてはまります。そのような感覚を発達させれば、誰でも次第にある魂の状態に入っていけるのです。つまり、きっかけさえあれば、何かを思いつくことのできる魂の状態にです。

愛する皆さん、皆さんがこのようにして、世界を自分の眼でよく見ることを覚えれば、先ほど述べたような、内的には硫黄過多的に活発で、外部に対しては無関心な子どもに向かい合うときにも、あれこれと考えわずらうことなく、ひたすら子どもの姿をよく見ることによって、正しい態度をとることができるようになるでしょう。たとえば、皆さんは直観的に、この子には毎朝、「お日さまが山を照らしている」ということばを語る必要がある、と思えるでしょう。あるいは別のことばでもかまいません。まったく意味のないことばでもかまわないのです。大切なのは韻律のあることばを子どもに与える、ということです。そのような何かを外から与えますと、子どもの中の硫黄分が軽減され、子どもの心は自由になります。このような子どもたちは、繊細な幼年時代にこそ、魂の保護を受けるべきなのです。そのような子どもたちが後になって、精神分析医の好餌にならないようになるためには、まさに子どものリズミカルな本性を顧慮しつつ、繰り返して外からそのようなことばを与える必要があるのです。

そもそものようなことが治療教育上の一般規則になれば、非常に良い効果を上げることができるのです。私たちのヴァルドルフ学校では、授業時間は特定の詩句で始まります。

その詩句はリズミカルな仕方で毎日子どもの内面生活に働きかけるのです。そうすることによって、印象が身体の中にあまりにも激しく呑み込まれてしまうことから子どもは解放されるのです。

障害のある子どもは毎朝、特別のグループに分ける必要があります。そのような子どもの数が少なければ、全員を一緒にしておいてもかまいません。そのようにして、毎朝お祈りのことばを言わせますと、まったくすばらしい結果を生むことができます。何も語ることのできない子どもが混ざっていてもかまいません。シュプレヒコールとして語られることばはすばらしく調和的な作用をするのです。ですから印象が意識から消えてしまうような子どもの場合、たとえば三週間から四週間毎に、リズミカルな繰り返しを通して、特定の印象を子どもに与えることが大切なのです。外から繰り返してそのような印象を与え、それによって内面を開くように努めますと、体内の蛋白質もまた、次第に過剰な硫黄分を取り除くようになるのです。なぜそうなるのでしょうか。なぜならそのような子どもの内面は印象を押し戻そうとはせず、したがって内部から現われてくるものは、あまりにも弱いものなので、積極的には働きません。ところが今、強い働きが外から働きかけてきますと、その弱いものがもっと力強く活動するように促されるからです。

逆の場合を考えてみましょう。初めから強迫観念への傾向を持っている子どもの場合です。内面が印象をあまりにも強く反射するのです。あまりにもわずかな硫黄分しか原形質ればならないのです。そのような場合には、ちょうど正反対のことを考えなければなりません。そのような場合に特別の効果があるのは、いつでも同じことば、同じ印象を子どもに語ることです。私たちがその子にとって適切である、と本能的に感じ取れたことばもしくは印象を、外から与えてやります。けれどもその印象を低く、ささやくように語りかけるのです。ですから次のようなやり方になります。先生「見てごらん。これは赤いだろう」。――子ども「いい時計だね」。――先生「赤い色をよく見てごらん」。――子ども「いい時計だね」。――そこで、ますます声を小さくするように試みてください。そして子どものことばを麻痺させるように、決まったことばを繰り返すのです。「時計のことは忘れなさい」。―「時計のことは忘れなさい」。―「時計のことは忘れなさい」。こういう仕方で子どもにささやきます。そうすると、次第にこの語りかけによって、このリズミカルな繰り返しによって、子どもは強迫観念から離れられるのです。強迫観念もまた、それと共に、次第に小さくなっていくのです。実際、強迫観念は、それを声に出して語ると、弱められます。それは次第にぼやけていき、最後は子どもがそこから解放されます。ですから魂への単純な働きかけによって、子どもに非常に良い影響を与えることができます。

以上の事柄は意識的に行なわなければなりません。皆さんが通常の学校のクラス担任となり、そのクラスの中に、少しでもこのような強迫観念への傾向を持った子どもがいたとします。その子どもを特殊な組に入れる必要はありませんけれども、よく怒鳴《どな》る先生がいますね。壁が崩れるくらいに、何に対しても怒鳴りちらすような先生の担任するクラスに入れば、こういう子どもは本当に精神病になってしまい、ますます強迫観念に悩まされ続けるでしょう。先生が必要に応じて声を低めるすべを心得ており、子どももその声を聞こうと耳を澄ますようになれば、そういうことにはならないでしょう。大切なのは正しい態度で子どもに接することなのです。

さて、もちろんそのような場合の魂の処置を通常の治療方法で行なうこともできます。印象がすぐに消えてしまうような子どもの場合は、蛋白質の中の硫黄形成への強い傾向を克服しなければならない、と考える必要があります。そのためには正しい食餌療法が必要です。たとえば果実や果実からとれた養分をたくさん与えますと、硫黄形成を促進させますが、根菜を主とする食物や、糖分ではなく塩分を含む食物を与えれば、そのような偏りを治療することができるでしょう。もちろん、スープに塩を入れる、というようなことをしてはなりません。塩分を自然に含んだ食物を与えるのです。そしていつでも状態の変化を見ることが大切です。

（ここでシュタイナー博士は、自分の経験したことを物語り、特定の地方の住人が本能的に、その地方に蔓延している病気に効くような食物を好んでいる、と述べた。）

ですから、後になって分析医の世話になるような子どもの場合、分析医の手に委ねるよりも、子どものときに塩分を含む養分で治療することの方がずっといいのです。

逆の場合を考えてみましょう。印象を吸収せず、逆流させるような硫黄不足の子どもの場合には、できるだけ果物をとらせます。果物を好んで食べる習慣をつけさせるのです。症状が病的なところにまで進行しているなら、特に香料を加え、果物と香料をとらせるようにするのです。なぜなら香料の中には非常に多くの硫黄分が含まれているからです。子どもの病気がもっと進んでいるなら、直接、硫黄を治療手段に用います。そのような場合の治療は、まさに霊的な考察からのみ見出せるのです。大切なのは、徴候をただ記述するだけで満足しないということです。それでしたら単なる徴候学にすぎません。そうではなく、すでに述べたように、体内の構造の中にまで立ち入ろうと試みることが大切なのです。

さて、人体の下の部分が上の部分に対して正しく適合しないで、上の部分つまり頭部組織の受け取る印象が、下の部分つまり代謝＝肢体組織の中に正しい共鳴を見出さない、という不整な状態が存在しますけれども、また、自我組織＝アストラル組織と、エーテル＝肉体組織とが全体として、互いに適合しなくなるほどにまで、肉体組織が硬くなっている場合も存在します。そのような場合、子どもはアストラル体を硬くなった肉体組織の中に沈めることがそもそも不可能になります。したがって子どもはアストラル体の中に印象を受け取り、そのアストラル体が代謝系のアストラル活動を刺激することはできても、その刺激はエーテル体と肉体の中にまで及ぶことがないのです。皆さんが子どもに「歩いてごらん。五歩か六歩、歩調をとって歩いてごらん」と言ったときに、そうできないとすれば、子どもは今述べたような事情にあるのです。――子どもはどうしたらいいか分からないのです。言い換えれば、ことばはよく理解できても、それを足の働きに結びつけることができないのです。まるで足がそのことばを受け入れたくないかのようです。肉体があまりにも硬化し、思考内容を受けとめようとしないので、まるで精神薄弱児のように見えます。そのことを私たちが最初に気づくのは、何か足で行なえるようなことを命じても、子どもがそれに従おうとせずに、足を動かすことを躊躇《ちゅうちょ》しているときです。そのような状態が生じるのは、魂が抑鬱的な気分になり、身体が言うことをきかなくなったときです。

それとは反対に、足が命令を待てず、走り出そうとしているときの子どもは躁的傾向を持っています。そういう子は見たところまったく健康そうですが、両足の中にこの傾向をただちに認めることができます。ですから、子どもが足や手で行なうことをよく観察しなければなりません。足でも手でも同じことですが、子どもが好んで手や足を何かの上に乗っけようとするときは、精神薄弱への傾向があります。絶えず指を動かして何かを摑もうとしたり、何でも足で踏んづけようとしたりする子どもは、躁的な傾向があり、いつ暴れだすか分からない傾向があります。肢体の中に認められるものは、すべての行動の中にも認められます。

精神活動だけではあまり目立ちませんが、しかしそこにも特徴的な現われ方が見られます。或る子どもの場合、次のような事柄が非常にはっきりと現われています。つまり子どもが何らかの技術、たとえば横顔をスケッチすることを学んだとします。そうすると、どこへ行っても、人に会いさえすれば、その人の横顔を描こうとします。それをやめさせることはできません。子どもはまったく機械的になります。これは子どもにとって非常に悪い徴候で、子どもはそこから離れられないのです。子どもが横顔を描いているとき、私がその子に向かって、美味《おい》しいお菓子を持ってきたから食べない、と訊いても、描くことをやめません。横顔を仕上げなければならないのです。この躁的性格は知性の耽溺であるとも言えます。これに反して、すべての条件が揃っているのに何もすることができず、仕事にも手がつかない傾向は、精神薄弱の始まりを示しているのです。

以上のすべてが私たちに語るのは、私たちが肢体を正しい仕方で支配することを学べば、精神薄弱と躁状態という両極端な傾向を治療できる、ということです。精神薄弱の子どもに対しては、すぐに治療オイリュトミー(2)を行なうことができます。その場合、子どもの代謝＝肢体系を運動の方向に導かねばなりません。そうすれば精神を刺激することができます。R・L・S・Iのオイリュトミーをやらせてください。それがどれぐらい子どもに良い作用を及ぼすかを直接見ることができるでしょう。躁状態の子どもの場合は、それが代謝＝肢体系と関係しているので、M・N・B・P・A・Uのオイリュトミーをやらせてください。そうすれば、それが躁的性格を鎮めるために、どれほど役立つかが分かるでしょう。このようにして子どもにおける肉体＝エーテル体と、魂的、霊的部分との深い関係を、いたるところで顧慮しなければなりません。そうすれば必要な治療方法が見出せるでしょう。

(2) シュタイナーによって創始された運動芸術。ギリシア語で「調和したリズム」を意味する。この名称は、すでに十九世紀には舞踊全体に対する美学用語として用いられていた。詳しくはシュタイナー『オイリュトミー芸術』(高橋巖訳、イザラ書房、一九八一年)、高橋巖『オイリュトミー』(泰流社、一九八六年)参照。

第六講　治療教育の実際　その一（一九二四年七月一日）

愛する皆さん、今日はいろいろな側面に問題を拡げていくことができるような例を取り上げようと思います。まず初めに、これからお話しすることの基礎になる、或る男の子の病歴を考察したいと思います。

その男の子は一九二三年九月十一日からここに来ています。来たときは九歳でした。この子を身ごもっていたとき、母親は体調が非常に良かったので、妊娠五か月でスペインへ旅行をしました。出産時は非常な難産でしたので、その子は鉗子《かんし》で引き出されました。一年目は非常に健康で、どこにも異常は認められませんでした。六か月目に一度長時間、陽にさらされたことがありました。そして長時間陽にさらされたことによって、一種の虚脱状態に陥ったあと、発熱しました。三か月間だけ母乳で育てられました。九か月目から三年目にいたるまで、食欲がなく、全然食事をとろうとしませんでした。二度目の夏に両親は彼の両眼が変化し、澄んだ眼でなくなったことに気づきました。そして二歳になっても話すことができず、歩行もできず、いつも明け方の四時頃に理由もなく泣き叫ぶようになりました。親指をしゃぶるのが大好きでしたが、こういう習慣に注意することは常に必要です。この習慣を除くために、彼は肘《ひじ》に板紙を当てがわれ、夜間はアルミニウムの鈴を手につけられました。その鈴を、彼は三年間つけていました。

その後成長がずっと止まっていました。五歳になっても、まだまとまった話ができませんでした。そして歯の生え変わる時期がきました。それは七歳で始まり、前の歯は生え変わりましたが、上の歯の全部が生え変わったのではありません。

――「歯はもっと生え変わりましたか。一本だけその後も生えてきたのですね。前歯の一本はまだ生えていませんか。――もう生えているのですね」。

別の前歯は当時すでにしっかりと生えていました。母親は、その子の父親も発育が遅く、歯の生え変わるのも非常に遅かった、と述べています。さて、彼は来たときは虚弱児でした。体重は二四キロで、骨格も弱々しく、身体に比べて、とても大きな手足をしていました。両手はとても不器用でした。外に表われた体質はどれも劣っていました。私たちはその子がますます落ち着かなくなり、扱いが難しくなっていくのを体験させられました。言いつけを守りませんでしたが、身体の機能は正常でした。

一九二四年の一月からは本質的に落ち着きを取り戻し、人間的な態度を示すようになりました。周囲の世界に興味を持ち始め、いろいろのことがこの子を驚かせ、そのようにして願っていたことが現われました。すなわち、外界に対する注意力が育ってきたのです。単に知的にではなく、外界に対する感情のこもった注意力が育ってきました。外の出来事が驚嘆の念を呼び起こしました。このような場合には、知的な注意力だけでは治療効果を上げることができません。外界に対する注意力を育てるときには、感情と意志に働きかけなければならないのです。この子は人間に対して信頼感を持つようになりました。初めのうちは、無関心に人の前を通り過ぎたのに、今は人びとの存在を認めるようになりました。仕事は決して容易ではないようで、喜んで行動することはありませんでした。けれども一月までに、編み物の仕事をするようになりました。編み物がいいのは、ある面では、機械的に手を動かしていればいいような仕事だからですが、別の面では、その際注意深い態度が求められるからです。編み物のときには編み目を見失うことがよくあるのです。好きな遊びは、車かソリで、何時間でも自分の車のことを話すことができます。このことは私が昨日述べたことに関係しています。この子は急速にドイツ語を話したり理解したりすることができるようになりました。以上が現在の状態です。

それではこの子を観察してください。——いろいろなことに気がつくでしょうが、特に注意していただきたいのは、顔の下半分がよく発達していることです。この鼻筋と口元を観察してください。口はやや開かれています。それは歯のせいのようですが、この子の霊的、魂的な在り方と関係していることを忘れてはなりません。この場合、歯の形のために口が開いているのではなく、下部の人間が上部の人間から完全に支配されずにいるという、全体的な在り方に起因するのです。この点に注意すれば、皆さんは多くの事柄に気がつくでしょう。

ここ（図例12の頭部）に上部人間の力の座、つまり感覚＝神経的人間の働きの座があると考えてください。この座は残りの人間全体に働きかけています。なぜならこの部分こそ、最初の人生期にもっともよく発達する部分であり、大半を胎児期から持ち込んでくる部分なのです。ここには胎児期にもっとも発達した力が存在しています。すべて残りのものは、いわばこの部分に依存しています。直接的には母体から作り出されますが、間接的にはすべて、この部分に依存しているのです。ここで顎《あご》の組織、つまり顔面の肢体組織として作られているものは、完全に頭部組織の中に組み込まれています。しかしこの子の頭部組織は、肢体組織全体を支配するには、十分に強力ではないので、外から来る働きが、ここの肢体組織にあまりにも強く働きかけているのです。

頭の下部が調和的によく発達した人間は、神経組織が代謝＝肢体組織の大半の部分の支配者になっていることを理解しなければなりません。その場合には外からのどんな力も過度に影響することはありません。そのように頭が他の身体組織を支配できませんと、その組織に外からの力があまりにも強く働きかけて、たとえば腕が過度に発達します。足も標準を超えて発達します。足はもし頭部に支配されていたら、標準に見合ったものになったでしょう。足があまりにも過度な発達を遂げているのは、あまりにも多くの外の力がその中に働いているからです。この子はこのことをユーモアをもって理解しています。女医のB博士が彼に質問し、なぜ彼が口を開けているのかと尋ねたことがありました。そうしたら、ハエが外から入ってこれるようにだ、と応じたそうです。彼はそう思っているのです。

以上は人体の上部組織について言えることです。

皆さんが観察なさるように、この子の頭は前方がやや狭く、左右から後ろの方に押し込まれた形をしております。つまり細長い頭になっています。これは知的な組織があまり意志と結びついていないことを示しています。この後頭部ははっきりと意志に貫かれていることを示していますが、この前頭部は外からの影響がもっぱら感覚による知覚だけを通して働きかけている部分です。一方、後頭部はあらゆる種類の外的影響に対して開かれています。ですからすでにこの部分には腕や足に現われている現象が始まっています。つまり脳の後頭部が大きくなっているのです。

このような子どもは非常に関心をそそります。健康な子よりももっと関心がそそられます。たとえ扱い方が楽ではないにしてもです。脳の組織全体のうちで、前頭部は、主としてその素材や成分を身体の他の部分から提供される脳の部分です。その部分の働きではなく、その成分が外からの養分の集まりなのです。これに反して、後頭部はその成分が養分から作られてはおらず、呼吸や感覚その他によって受容された宇宙的要素が働き始めています。後頭部の成分は、宇宙的な起源を持っているのです。

前頭部が圧縮されているのは、生まれたとき、もしくは胎児のときに、純機械的な外傷を受けたことを示していますが、それはカルマ以外の何ものでもありません。なぜならその傷は、遺伝の力に基づいてはいないからです。この子の前頭部は圧縮されているので、外からの養分を取り込むことがあまりできません。そもそも前頭部は、すぐに栄養分を摂取しようとする要求を持っていません。養分への要求が前頭部には、わずかしか存在していないのです。ですから皆さんは、頭の外形を通して、彼がある時期、食欲がなかったことをすぐに見てとることができます。この子の前頭部は、摂取された養分の蓄積がとても少ないことをよく示しています。

そこには肢体系全体を統御する力がわずかしか存在していません。その力は呼吸系全体にも働きを及ぼしますが、そこでもその力はあまりゆきとどかず、反抗を呼び起こす傾向を持っています。このことが下顎の形成全体に関係してきます。この子は体内に空気をたくさん、あまりにもたくさん取り込みます。けれどもあまりにもたくさん空気を取り込みますと、それによって空気中の成分があまりにも強くこの部分や肢体の中に集められます。したがって、このような子どもに顕著なのは、息を吸うことと吐くこととが正常な関係を持っていないことです。吐くことに比べてあまりにも強く息を吸い込みます。その結果、体内に十分の炭酸ガスを蓄えることができません。炭酸ガスが欠乏するのです。

炭酸ガスの欠乏した人間の肢体系は、あまりにも強く発達してしまいます。運動系に基づくすべてが、これと関係しています。生きていく過程で、運動系は次第に知的組織の奉仕者にならなければいけないのです。

（シュタイナー博士が子どもに言う。──）

「少し立って、それから私の方に歩いて来てごらん。そうだよ」。

（シュタイナー博士はどうやって物を摑むかを自分でやってみせるが、その子はそうしない。）

かまいません。強制する必要はありません。こうすることが難しいのです。皆さんも今の様子をごらんになれば、この子が代謝＝肢体系を十分に支配する力を持っていないことが分かりますね。それができれば、ちゃんと腕を上げるはずです。

歯の生え変わるのが遅いのも、このことと関係しています。歯の正常な生え変わりは、感覚＝神経系と代謝＝肢体系との相互作用によるのです。こういう現象はすべて、相互に強く働き合っています。

この子は生まれたとき、代謝＝肢体系がまだほかの子どもたちほど十分には形成されていなかったのです。はじめは何かが異常であったことに誰も気づきませんでした。成長すると共に、後になってから正常でないものが現われてきたのです。ですからもっと後になってから、この子の上部組織は下部組織を支配するようになるでしょう。つまり、話すことと歩くことを学ぶようになるでしょう。最初の数年間の正しい教育は、たとえばこの子がまだ歩けなかったときに、手足をオイリュトミー的に運動させることだったと思います。治療オイリュトミーをやる必要があったのです。もしそれを始めていれば、手足を動かすことが神経＝感覚組織の中に映し出され、まだすべてが柔軟な時期に、それによって頭の形をも正常に発達させることができたでしょう。早い時期なら、手足の運動は頭部の形成に非常に役立つことができます。頭をかなりの程度に形成できたら、非常な喜びになるはずですが、この子の場合は外傷によって頭骨が萎縮してしまっているので、それを大きくすることは難しいでしょう。

私は以前、家庭教師として十一歳半になる障害児を受け持ったことがありました。私の『わが生涯』の第六章で述べたように、両親も家庭医もその子に対して何もすることができませんでした。その子は手仕事を学ばされました。それは皆にとって大問題でした。冷静でいられたのは母親だけで、他の人は皆、気が動転していました。なぜなら良家の家庭にとって、男の子に手仕事を学ばせるのは、恥ずかしいことだったのです。しかし、私に与えられた課題は、こういう事柄を論じることではありませんでした。その子は水頭症でしたが、私はその子を完全に私の手に委ねることを条件にしました。そしてその子はかなり良くなりました。その少し前に、彼は小学校低学年の試験を受けさせられましたが、彼のやれたことといえば、消しゴムでノートに大きな穴を開けることぐらいでした。その他の奇妙な習慣といえば、食事の時間に食卓につこうとはせず、大喜びでゴミ箱に捨てられたジャガイモの皮を食べることでした。一年半経った頃、彼は中学に入ることができるようになりましたが、どうしてそうなれたのかといえば、肢体の運動に集中したことによって、水頭症が消えたからです。頭が小さくなりました。そしてこのことはよい成果を上げることができた印なのです。

外傷によって萎縮してしまった頭骨を大きくするには大変な努力が必要でしょうが、そうすることがまだ少しはできるかもしれません。

そこで私たちにとっての問題は、この子にとってのもっとも大切な治療教育上の課題は何か、ということです。いちばん大切な目標は、不調和な仕方で形成された身体の中に、霊的、魂的な働きを及ぼすことです。そこにはカルマの葛藤が根底に潜んでいます。皆さんには信じられないかもしれませんが、この子は天才です。私の言うことが分かるでしょうか。この子はそのことを理解していません。しかし、この子のカルマから見ると、この子は天才でありうるのです。けれども生まれた後の状況は、彼の素質を実らせることを妨げました。そしてそのかぎりで障害が存在しています。この子は両親を選択しましたが、それはある意味で困難な選択でした。彼は困難な身体事情をかかえて世界を眺めています。上部人間と下部人間の力が相互に調和的に働き合えないので、彼は硬直しています。生体が硬化しているのです。

目を覚ましても、そのアストラル体と自我組織が正常な仕方で体内に入っていくことができません。まるで生体が岩の塊のように、それを跳ね返してしまいます。ですから私たちの霊的、魂的な、正しい仕方で子どもの身体組織に関われるようにしなければなりません。そうすることができない場合、表面的には、不器用さが現われます。そしてこの状態は、今日のほとんどすべての人に見られる、と言わねばなりません。どうぞ、ひどいことばを使うのをお許しください。たいていの人はこの上なく不器用なのだ、と私は思います。器用になることがとても困難なのです。ヴァルドルフ学校にいる八百人の子どもも、その大部分は器用であるとはとても言えません。アストラル体と自我組織が十分肉体と結びついていないのです。それは知的な時代の最盛期に、私たちが生きているからです。

私たちの精神活動は骨格系には働きかけますが、筋肉系にはもはや働きませんので、器用に身体を働かすことができないのです。知的なものは骨格系に働きかけることはできますが、筋肉の助けなしにそれを行なうわけにはいきません。それなのに私たちのアストラル体と自我組織が筋肉にまで作用する力をほとんど失っているのです。このことは時代そのものが、深く宗教的な、真に宗教的な性格を持っていない結果なのです。信仰だけでは本当の宗教を与えてくれません。骨と結びついた筋肉が発達するためには、この世に偉大な範例が存在していなければならないのです。ただ思考の上だけでも範例が持てれば、筋肉系は骨格系と結びついて発達します。この子の場合は、初めから無関心さが現われていました。

けれども、皆さんにもお分かりになるように、この子の思考内容は感動を伴っていません。人間の生み出す思考内容そのものは間違ったりしません。ただ人間がその思考内容を正しい機会に作り出せるかどうか、作りすぎたり、作るのが少なすぎたりしないかどうか、が問題になるだけなのです。思考内容は外なるエーテル界の内容を映し出しています。なぜ口を開いているのかと尋ねれば、彼は「ハエが口に飛び込んで来れるように口を開けている」と答えます。――これは非常に頭のいい答え方ですけれども、思考内容が間違って用いられています。彼がこの同じ思考内容を、後になって、機械を発明しなければならないような機会に用いたとすれば、偉大な発明家の思考内容になりえたことでしょう。思考内容は常に正しいのです。なぜなら、それは宇宙エーテルの思考内容として存在しているのですから。

霊的、魂的な内容が肉体の媒介によって外界と正しく結びついているかどうかが大切なのです。ですからこのような子には、二重の働きかけができなければなりません。まず、できるだけ少ない数の印象を与え、次にそれらの印象を相互に結び合わせようとするのです。

授業においては、彼にわずかな内容だけを教え、それらを見通しのきくものにするのです。事物が見通せるのは、人がそれを見通しのいいものにするからなのですが――そしてこのことは彼だけではなく、ほかの子どもたちにもあてはまるのですが――、それには、

子どものやるべきことを、関心の持てるものにしてあげることが必要です。魂が肉体から抜け出せない子ども、魂がその中に入っていけない子ども、魂が肉体を支配できない子ども、そのような子どもの場合、大切なのは、私たちがその子どもたちにできるだけ関心を呼び起こさせる機会を数多く提供することなのです。絵を描くとします（図例13）。その場合、特に注意すべきなのは、子どもたちが——こういうことばを使わせていただくなら——どんなに「でたらめな」絵を描いても、決して怒らないということです。このことはヴァルドルフ学校についても言えることです。

常に整頓を保つために、教室から出ていくときは、席がきちっと片づいているように、と子どもに注意するのは、教育上、間違った態度です。そういうことを子どもに注意する必要はないのです。大切なのは、子どもが何をするにせよ、その一つひとつの動作を注意深く行なえるようにすることです。そのためには、先生が授業中、常に沈着であること、特にこうした子どもを教育する場合には、授業中、われを忘れたりしないことが必要なのです。無思慮に陥るのを避けようと努めることが大切なのです。

（子どもに向かって）「筆をとって紙に何か塗ってごらん」。

このようにして、子どもに興味を起こさせることができるなら、多くの成果が期待できます。十二歳から十四歳までの子どもの身体は、まだ非常に柔軟ですから、多くの成果が上げられるのです。こういうときには、沈着な態度で次のように言えなければなりません。「見てごらん。ここに木があるね。原っぱに立っている木だよ。これを描いてごらん」（図例13）。

どうぞ十分に意識的な態度をとってください。「見てごらん。仔馬が走ってくるよ」。——この場合には色にも注意を向けてください。向こうから小型犬のムッソリーニが仔馬の方へやって来ます。小型犬が仔馬に吠えつきます。すると仔馬は足でこうします。——ここで、できるだけ生きいきと全体を説明してください。生きいきとした態度は霊的な力を持っています。それが子どもの中に流れていきます。このようにして、子どもに働きかけるときには、熱心な態度で、気質を丸出しにして行なわなければなりません。子どもに対して鈍感であったり、椅子に坐りっぱなしで、立ち上がるのをおっくうがったり、動きたがらなかったりすれば、教育的な効果を上げることはできません。計算された態度をとることが大切なのではありません。その場その場で必要なことを行なうのです。

このような子に対しては、できるだけ話し合うべきです。今まではこちらの話しかけに応じなかったとしても、今度は話し始めるかもしれません。たとえばこの子が現在どのくらい話せるようになったか見てください。

「仔馬が来た、と私に話してくれたのを覚えている？　仔馬ってどのくらい大きいの？　仔馬を引いて歩いたことがある？」

そうなのです。ゾンネンホーフへ行くと、仔馬がいつも走り廻ったり、草の中に横になったりしています。

「雨が降ったら、小屋に入るのかい？　そこには大きな馬もいるかい？」――「そうだよ。マルキスという大きな馬がいるよ」。

現在では皆さんもこの子とこんなふうに話し合うことができます。以前はただ泣き叫ぶだけでした。彼を引き受けたとき、彼は英語だけしか話しませんでした。これは大変興味深いことです。それから彼はかなり速やかにドイツ語で話すようになりました。彼を見ると、ことばがどのようにエーテル体と肉体との中に入り込むかがよく分かります。彼の言語構造はほかの子どもの場合よりももっと固定していますから、その言語構造を、彼の場合には実によく研究できるのです。

彼は「私でした」とは言いません。「私は be でした」と言うのです。――彼は英語の形態をドイツ語の中へそのまま持ち込みます。これと同じようなことをいろいろと言います。たとえば「立ち去れ」(Geh weg)を Geh aweg〔Get away との混同〕と言います。——彼の中で英語がどう固定化されているかを見ることによって、彼の身体がどう硬化しているかをも見ることができるのです。彼がいろいろな話をするのを見ると、ほかの子たちよりももっと厳しい状況を克服しなければならないことがよく分かります。実際、彼がこれまでに学んだ事柄は恐ろしく強力な仕方で固定されています。しかし、私たちが彼に生命を吹き込むことによって、常に新しい生命を吹き込むことによって、この硬化しているものが内的に活発化していきます。

彼が「私でした」と言えるようになったとき、彼は多くの困難を克服したのです。そのようにして、彼は自分の中に流動的な状態を生じさせたのです。このことは機械的に教え込むことによってではなく、忍耐強く会話を続けることによって達成できるのです。自分の行なうことを関心をもって人が見ているということを、何をおいてもこのような子は気づかなければならないのです。彼がやったことを見て、彼が知っているはずのことを彼に尋ねます。彼が体験したことに関心を示してあげるのです。このことが重要なのです。

さて、この子に、治療オイリュトミーがどのくらい作用できるかを考えてください。彼がRとLをやるとします。Rは回転です。そこでは何かが回転します。そこにはすでに動きと変化が含まれています。オイリュトミーの講習を受けているたいていの皆さんは、L

の意味をご承知だと思います。Lの場合、舌がどんな形成力を働かせているかを考えてください。Lは密着させること、何かのところへ身を寄せることを示す字母です。Lは何かに身を寄せるために、その身体組織を柔軟にさせます。そこで考えていただきたいのですが、このような子の吸う息は、すでに述べたように、吐く息を凌駕していますｏだから次のように言わなければなりません。吐く息をできるだけ励ましてあげるのです。そしてそれはMによって行なうことができます。Mは吐く息の音声です。Mをオイリュトミーで表現しますと、肢体組織全体が彼に手を貸します。Nになると、知的なものの中に戻っていきます。そのようにしてR・M・L・Nを身体で表現するのです。――このようにして事態が把握できれば、何をしたらいいかが分かってきます。まず、音声の性質を理解しなければなりません。そしてオイリュトミーの中に身を置く一方で、身体組織を洞察しなければなりません。この二つとも学ぶことができる事柄なのですが、今日の教育学の中では完全に見失われています。

次にこの子の場合には、絵を描きながら、同時に書くことも学べるように、今まで以上に努力してください。授業は、私が示唆したような仕方で、絵を描くことから始めることが大切です。

以上のすべてからも分かるように、アストラル体と自我組織は、このような肉体とエーテル体の中へ容易には入り込めないので、そうできるように手助けをしなければなりません。だからこそ、治療が必要なのですが、それではいったい何に手を貸す必要があるのでしょうか。アストラル体と自我組織との基礎である神経系に手を貸す必要があるのです。どうしたらそれが達成できるでしょうか。

まず神経系に働きかけなければなりません。どうすればいいのでしょうか。それには治療上、人間に働きかけることのできる三つの道を知らねばなりません。経口、注射、入浴または洗浄の三つです。

何かの内服薬を服用するとき、それは何に作用するのでしょうか。基本的には新陳代謝に作用するのです。皆さんが服薬を考えるときには、それがもっぱら新陳代謝に作用するということを考慮しなければなりません。律動系に作用させようとするのでしたら、注射しなければなりません。神経系に作用させようとするのでしたら、外から働きかけ、入浴や洗浄をさせなければなりません。

さて、体内に入っていこうとするアストラル体の動きやその形態に対しては、砒素が強力に作用します。砒素治療を受ける人を見ると、その人のアストラル体が肉体の中へ滑り込んでいく様子がよく分かります。ですからアストラル体とエーテル体と肉体のあいだの調和を必要とする子どもの場合、砒素浴療法が大切になります。特定量のレヴィコ水[1](Levicowasser)を浴槽のお湯に混ぜて入浴させます。そうすると、神経系に働きかけ、アストラル体が強められます。頭部系が他の身体部分に十分強く働きかけることができないときにも、この入浴療法が必要です。

(1) レヴィコ水は北イタリアのトレント近郊のヴェトリオーロにある鉱泉のこと。鉄、銅、砒素を含んでいる。

頭から下部組織への流れは、特に生後の数年間に強く働いています。この流れは歯の生え変わりから思春期までの第二の七年期にも続きます。この時期の終わりには、七歳、九歳または十一歳のときよりももっと強く働いてさえいます。さて、このような子どものこの流れに力を貸すために、代謝系と神経系の対応を脳下垂体の分泌物を服用することによって促すことができます。脳下垂体の分泌物を私たちは生産しておりますが、[2]これは前述の力の流れを受けて、頭から肢体系へ調和的に働きかけるという特徴を持っています。ですから今述べたような仕方で、脳下垂体や砒素浴や治療オイリュトミーを統合して治療に用いるのです。これらを綜合的に作用させることは、この子の治療に役立つでしょう。

(2) 牛の脳下垂体D_1―D_{10}をアルレスハイムのヴェレダ製薬会社で生産販売している。

しかしその場合、事柄をよくわきまえていることが大切です。この子の教育は、徹底して行なわなければなりません。人智学を通して、このような事柄によく通じることができますが、そのためにはどんな事柄にもできるだけ関わろうとする態度が必要です。とはいえ、意に反するようなことはいくらでも生じるでしょう。人智学の集まりに参加するとき、よく私たちは少しこころの痛みを感じてしまいます。そこにはしばしば、鉛のような重苦しい空気がよどんでいます。議論を始めようとしても、誰も口を開こうとしません。なぜなら舌も鉛のように重たいからです。人びとは「顔を下に向けたまま」にしています。朗らかに笑おうとはしないのです。

この子を教育するには、何が必要でしょうか。重たい雰囲気ではなく、ユーモアです。本当のユーモア、生活のユーモアです。必要な生活のユーモアがなければ、どんな頭のいい手段を講じたとしても、こういう子どもを教育することはできません。ですから人智学運動においても、軽やかさの感覚を持つ必要があるのです。多すぎる必要はありません。しかし少なくとも、どうしたらいいのかと問われたなら、感激することが大切なのだ、と答えられるようでなければなりません。障害のある子には、感激することが大切なのです。

これが、今日、皆さんに申し上げたかったことです。

第七講　治療教育の実際　その二（一九二四年七月二日）

いろいろな問題を一度に取り上げないで、もう一度昨日の例から始めようと思います。この少年はほかにもなお特別な心的徴候を示しています。この少年は、来たときからすでに、その徴候を示していました。右の人指し指に小さな霊をくっつけていたのです。この霊のことを、彼はいつも「アッシーちゃん」（Bebe Assey）と呼んでいました。まるで普通の人と話しているかのように、彼はこの霊と話をしていました。まったく現実の存在であるかのようにです。この霊は狼人間のように、変身を遂げることもできました。突然変身し、たとえば、しばらくのあいだはライオンとなり、ライオンのように吠え続けました。別なものにも変身したのですが、いちばん好きな動物はライオンでした。

このことからも分かるように、少年のアストラル体は、正常な仕方で肉体の中に沈むことができず、その一部分が外に残っていたのです。実際、アッシーちゃんは、アストラル体の残余部分です。そのようなときのアストラル体は、その一片が垂れ下がっています。

そしてそこに外から四大元素の霊が憑依しています。そこではこの客観的な（つまり外からの）働きと内なる主観的な働きとが混ざり合い、融合しています。教育者にとって大切なのは、アストラル体が、硬化している身体組織の中に完全には入り込めないでいる、ということを知ることなのです。

皆さんも、自分のアストラル体を肉体から引き出して、肉体の中に収まりきれなくしておけば、皆さんのアストラル体はあらゆる種類の変身を遂げて、動物のような形を示すことでしょう。実際、アストラル体は、肉体とエーテル体に半分か四分の三しか結びついていない場合、またはすぐそばにあって、独立した在り方をしている場合、動物の姿になるのです。この子の場合、そのような現象がはっきり現われていましたので、アストラル体とエーテル体との調和を生じさせることがとても難しかったのです。

さて次の子の場合を見てみましょう。まず病歴を一通り辿っておこうと思います。母親の言うには、この子は四週間も遅れて生まれました。母親は妊娠してからも四か月のあいだ劇場で芝居を行ない、ときには飛び跳ねるような役を演じました。もっと後になってから、彼女は転倒したこともありました。この子は二歳三か月で栄養障害に陥りました。二歳になってから、やっと立つことができるようになりました。最初の四年間は無感動(Apathie)でしたが、食欲は旺盛でした。この子の語った最初の音声はRでした。それはめったにないことです。いつもR音で泣きました。四歳までは数語、R音でしか話ができませんでした。それから発音練習をやるようになり、同じ語句を始めからも終わりからも声に出す練習をしました。これは私の提案に従ってなされました。発音練習と共に、身体に落ち着きがなくなり、わずかしか眠らず、寝つきも悪く、夜になると非常に興奮し、そして疲れました。それなのに眠ることができません。食欲は旺盛でした。

この少年を見ても、皆さんは年齢を当てることができないでしょう。今、六歳九か月なのです。つまりほとんど七歳になります。このことからも分かるように、彼の身体は発達が全体的に遅れているのです。頭が少し大きすぎる点がわずかに目立っています。しかし全体としては、発達が遅れています。つまり生まれてから歯の生え変わるまで、身体が特に発達すべき時期に、成長できなかったのです。この時期の身体組織についてすでに申し上げたことを思い出してください。身体組織は本来遺伝します。最初の七年期における身体組織は遺伝されたものです。今やっと彼の自我組織は表に現われてきますが、その組織は、最初の七年期の組織から急激に変化しなければならないのに、そうなるための土台ができていません。なぜなら今活発に働いているこの少年のエーテル体は、最初の七年間の身体モデルに非常に強く依存しているからです。歯が生え変わるときになっても、この少年は以前の段階に留まっていますから、彼はまだ歯の生え変わりを経験していません。歯の成長も遅れたままであることが分かります。

さて、この子のアストラル体と自我組織はかなり弱く、それらが遺伝された身体に対して自己を主張することができませんし、遺伝された身体もまた、小さいままです。この子は四週間遅れて生まれたと言われているのですが、そのことは本当かどうか分かりません。もし本当だとしたら、それはこの子が胎児としてあまりに小さいままに留まっていたことの結果です。あまりに小さく、太陰暦の十か月間〔約三〇〇日〕が終わってもふさわしい形姿をとるにいたらなかったので、普通よりも長く胎児の状態に留まり続けたのです。そこで私たちは、こうした事情がいったいどうして生じたのかを調べてみようと思いました。その理由としては、まず妊娠してからの四か月間に、母親が劇場で芝居を演じていたことが挙げられます。その仕事は確かに、開演中は熱狂や帰依《きえ》を伴っていたことでしょう。熱心に演劇と取り組んでいる自由劇団でしたから、一座の人びとは熱狂的に仕事に打ち込んでいました。母親のアストラル体も非常な緊張を強いられ、胎児の成長にあまり関わりのない知的な部分を過度に働かせていました。この知的な態度が、胎児のアストラル体の育成に、すでに否定的な影響を与えていたのです。すでに胎児期からアストラル体の劣等性が決まっていたのです。

成長が全体として遅れている子を、いったいどのように扱ったらいいのでしょうか。ごらんのように、アストラル体はまったく無力な状態のままです。少年は生まれてから四年のあいだ無感動の状態でした。純動物的な本能だけを発達させ、食欲は旺盛ですが、話す能力は遅れています。そして最初にR音だけを発していたのです。

（少年に向かって）「いいかい、ロベルトが走る（Robert rennt）と言ってごらん」。
（少年は低く唸《うな》るような声でそう言う。）

いいですか。この子はまったくRの方向に気を向けています。このことの中に子どもの生命全体が表現されているのを忘れないでください。妊娠中、母親が舞台でどのように激しい動作を行なっていたかを考え、そしてオイリュトミーではRの音声が「回転する音声」として特徴づけられていることを考えてください。そうすればこの子の語ることばの中に、母親の演技が姿を変えて現われていることに気がつくでしょう。この現われがあまりに強烈なので、ほかのことはすべて背後に押しやられてしまっているのです。治療教育の本質をはっきりと認識するのに必要な関連をこのような例においてこそ十分に深く受けとめなければなりません。

さて最初の数年間の代謝＝肢体系は、アストラル体と自我によって強力に制御されているのが普通なのですが、この子のアストラル体は弱くて、その制御作業を行なうことができません。このことから皆さんは、アストラル体について二つの大切な点に気がつかれることでしょう。別の講義で[1]、人間の脳の本来の意味を取り上げましたが、人体組織のすべては成長と崩壊の過程を示しており、崩壊過程は常に排泄作用と結びついています。排泄物は崩壊の痕跡なのです。さて、第一に皆さんの頭部は崩壊しつつあります。なぜなら魂の知的な、そして心情的な活動は崩壊過程に基づいているからです。この活動は頭を主要器官として使用しているのですが、弱いアストラル体の場合、この崩壊過程が無秩序になっているのです。そして第二に、排泄物が規則的に排泄されず、体内に残されます。排泄物が必要な硬さを持つことができないからです。本来の水頭症ではなくても、脳も柔らかすぎるのです。ですから脳の鏡像である腸の内容物も正常な状態になってはいないはずです。腸の活動も決して正常ではありえないのです。特に子どもの場合、無秩序な脳の活動と無秩序な腸の活動とは互いに並行して存在しています。とはいえ、皆さんがこの子の腸の活動を正常にしたとしても、まだそれだけでは頭の活動を正常にしたことにはなりません。この両者を調和させるためには、医学的な治療が必要なのです。

(1) 一九二四年三月二日の「カルマ講義」。

この少年は外に対する心理的な態度においても、不純なところがあります。彼にも理解できるような何かを要求してみてください。きっと皆さんにちょっと笑ってみせるだけで、何もしようとはしないでしょう。

さて、この子を例にして、話をさらに先へ進めていきますと、彼は発音練習をすでに四歳のときから始めました。発音練習を前からも後ろからも行なうことは、エーテル体とアストラル体の関係を正常なものにします。当時の練習は、アストラル体とエーテル体を調和した関係にもたらすことでした。

そこで問題になるのは、身体組織の働きを自分で感じ取れるようにすることです。実際、感じ取ることは身体組織の成長力を心に刻み込むことでもあるのです。ですから自分の身体組織を感じ取らせるための治療オイリュトミーの練習が必要でした。そのために特別ふさわしい音はEです。UとOも同様ですが、Eを発音することで、自分の身体組織そのものに触れるのです。Oは調整のために必要です。UとEは子どもが自分自身を感じるために必要です。いずれにせよ、自分の身体組織を感じ取るためには、そのどれをやってもよいのです。治療オイリュトミーと発音練習以外に何を私たちは行なったのでしょうか。彼はグループで絵も描きました。もちろん絵を描くことも必要です。彼はもう義務教育を受ける年齢になっています。どんなに遅々とした歩みであっても、彼はきっと先へ進んでいくでしょう。

（次の子どもが連れてこられる。）

私はこの少年に旅先で会いました。この子はかなり難しい子どもです。十二歳になります。問題がどこにあるか、今すぐ申し上げます。彼は一人っ子です。生まれたときは一見正常でしたが、妊娠中母親は無思慮な生活をし、お酒も飲んでいたそうです。最初の三年間の発達は特に目立ったところもなく経過したそうですが、それについては後で取り上げるつもりです。実際は正常であったのではないと思います。なぜなら三年目に突然この子は高熱を出し、夜中に発作を起こしたのです。そのときは長く続きませんでしたが、その後同じ発作が頻繁に起こるようになりました。夜中に起こることが常で、後になると、平均して三か月に一度は起こりました。この痙攣は、私たちがすでに述べた特徴を示しています。つまり痙攣は生後四年目から現われたのです。それまでの身体組織はアストラル体を押し返していませんでした。諸器官の囲壁はアストラル組織を押し返すほどではなかったのです。痙攣の最中は完全な無意識状態が生じました。このこともすでに述べたように、よく見られる症状です。それから彼は激しく体を震わせました。しかも左半身をです。それから両眼も左の方にひきつりました。発作が終わると、非常に疲労が激しく、しばしば嘔吐しました。

以上で分かるように、彼の諸器官の囲壁は三歳からアストラル組織を通さなくなり、そのために痙攣が始まったのです。すでに述べた理由から明らかなように、痙攣は無意識状態と結びついています。しかしこの子の場合には、しばらくしますと、ある程度アストラル組織が壁を突き抜けられるように、あらかじめ潜在意識的、または半意識的な努力を行なっているのです。この努力は痙攣が続いているあいだ続きます。それから彼はこの痙攣を克服しますが、その代わりに、以前に比べて身体組織の中に一種の空虚な状態が生じます。そして、その不規則さが激しいひきつけとなって現われるのです。

さて、この子の左半身は右半身よりも弱っていますから、このような痙攣が終わると、解放されようとするアストラル体は、身体組織の弱い部分に引きこもろうとします(図例14)。そのことは彼が眼を左の方にひきつけることによって表現されています。さて彼は

15.

14.

一年前の一月だったでしょうか。イェーナの医者の診断によれば、脳インフルエンザにかかったそうです。当時この子は胃の不調と発熱の後で、激しい発作に見舞われました。そのときは、胃の不調に始まり、それから激しい発作に襲われたのです。そしてふたたび元気になった二週間後に、左の腕と足に麻痺がきました。それは非常に特徴的な症状で、よくそういうことが起こります。なぜなら皆さんも理解なさると思いますが、常にこの子は努力（緊張）した後、アストラル体を押し通そうとします。そしてそうした後で押し通そうとした場所の背後に空虚な状態を感じ取ります。それからひきつけが生じ、そしてアストラル体を左側に引きこもらせます。

こうしたとき、ひとつのことに注意しなければなりません。すなわち生体内では、外から入ってくるものすべてが——それを身体組織自身が作り出したのでなければ——、本来、毒なのです。ですからここにある組織があるとします（図例15）。そして右から左へアストラル体が移っていき、それが激しいときには、もちろんエーテル組織にまで作用を及ぼし、さらに肉体にまで影響した場合、左半身に軽く毒が浸透していきます。そのような毒の浸潤は麻痺となって現われます。この子はマッサージの治療を受けました。そして三か月後に麻痺がとれてきましたが、軽い症状がまだ残っています。この軽い後遺症は今でも認められます。

（子どもに向かって）「これを取ってごらん」。——ごらんのようにこの子は左がまだ不器用です。
一九二三年一月以来、発作の性質が本質的に変化しました。それはごくわずかな時間しか続かず、たいていは睡眠後九時間経ってから現われます。そのとき、この子は突然叫び声をあげて目を覚まし、そして身を起こします。その場合、強度の腸の鼓脹が認められますが、これも特徴的な症状です。現在ほとんど毎週一回発作が起こりますが、もはや意識の障害は伴いません。もはやひきつけも起きません。痙攣の発作が過ぎ去ると、彼は躍りあがります。

さて一九二四年に脳梁切断が試みられましたが、何も結果は得られませんでした。最後に乳酸カルシウム (Calcium lacticum) の治療がなされました。この子は寝つきが悪く、睡眠中しばしば寝言を言います。特に夜遅く食事をしたときにはです。彼は食欲がありますが、果物と野菜が嫌いで、その代わり魚が好きです。消化は現在かなりよく、以前のように便秘もありません。すぐに疲れます。非常に想像力が活発です。とても人なつっこいのですが、特定の人とは、両親とも、気が合いません。怒りっぽく、動物や植物に愛情を持っています。おしゃべりであることも特徴にあげられます。このことも病歴に含まれることです。おしゃべりすることは彼にはほかの何かと同じように、必要なのです。彼は目立ちたがりなので、本質的な点は皆さんが観察なさった通りです。

この子はすでに十二歳なので、この子の第二の体は、すでにできあがってしまっております。母親が妊娠中に不摂生な生活をして、たくさんお酒を飲んでいたため、すでにそのモデル体も傷めつけられておりました。この子の態度から見て、おそらくは最初のモデル体そのものが極端に無秩序な在り方をしていたと思われます。今からでは分かりませんが、おそらくは二週間くらい早産だったと思われます。なぜなら母親は、自分の体を本当に胎児のためにふさわしい母体として提供し、胎児がすべての面で十分発育できるようにしてあげられなかったからです。特に妊娠中にお酒を飲みますと、そうなるのです。

説明があったように、初めの三年間は何も異常がありませんでした。けれども私の考えでは、もっと微妙な変化を観察することもできたのではないかと思います。いずれにしても、この子は比較的早くから話をしようとしたに違いありません。なぜなら、きっとアストラル体と自我組織が喉《のど》か口のところにまで出かかって、ぶら下がっていたでしょうから。常にそれは体内に収まることが困難だったに違いありません。外に向かって神経的な興奮が生じていたので、ある程度まで模倣の原理が抑えられていました。むしろ内部の有機的な衝動の方が表面に現われていたと思います。このことが最初の三年間に観察できたはずです。

最初の七年期に、自我とアストラル体が頭部組織を通して正しい働きをすることができませんと、七年の半分に当たる三歳半のときに反動が生じるのです。今まではゆっくりと成長してきた頭の諸器官が――その成長は七歳でひとつの完成をみるのですが――、この年頃に萎縮してくるのです。それではこのような場合、なぜそれらは萎縮するのでしょうか。なぜなら胎児期に、胎児として完全に成長できなかったからです。もしこの子が胎児期に十分成長できていたら、諸器官がもっと完全な、もっとしっかりした形態をとることができたでしょう。ところが完全にできあがったモデル体がありませんでしたから、三歳半という重要な時期に、諸器官がしっかりした形態を持つ必要があるときに、モデルが機能できなかったのです。したがって、アストラル体が諸器官の囲壁を通って身体全体に働きかけるべきときに、そうすることができず、そのためにここで問題になっているようなさまざまな現象を起こすようになったのです。その場合、胃や腸が調子を崩します。アストラル体が頭部から肢体に向かって正常な働きかけを行なわないと、腸をはじめ消化系全体が弱ったままになります。自我組織も正しい仕方で消化系に関われません。活動の鈍った消化作用の見られるときには、自我組織が正常な仕方で働いていない、と考えなければなりません。消化作用に必要な働きを、弱い消化器は自分の中に取り込むことができないのです。

ここにあるこの植物を見てみますと、植物の根は頭部組織に対応する働きをしています。葉は循環器系に対応する働きをしています（図例16）。実や花は腸や消化器系に対応する働きをしています。ですから、この発達の損われた消化組織は、上に向かって開いているこの花と何も共通点がありません。このアストラル体は腹部全体の中にあって、消化器系の中に完全に組み込まれることなく、自由に存在しています。どんな人のアストラル体も肉に親和的な関係を持っているのですが、このようなアストラル体は特に肉食を好むのです。一方、酸味を嫌っていることも理解できます。なぜなら酸味は、アストラル体に特別強い働きかけをするからです。アストラル体が身体組織の中に正常な仕方で収まっていますと、酸味の作用を身体組織の方に送り込むことができるのですが、アストラル体が正常な仕方で身体に収まっていないときには、酸の働きに対して傷つきやすく、感じやすくなっているのです。このような場合にこそ、生体の働きが非常によく観察できるのです。実際このような無秩序状態にあっては、胃の調子が悪くなるのも不思議ではありません。胃の調子が悪いのは、今述べた無秩序な状態が代謝系の中に存在していることのひとつの徴候にす

ぎません。病気はすべてこの無秩序によって生じるのです。この状態を通して、いろいろな徴候が現われます。そして当然のことですが、このような胃の調子が新しい発作を呼び起こすのです。

さて一九二三年一月以来、発作の性質に本質的な変化が生じました。それはわずかのあいだだけ続き、睡眠後九時間経って現われます。子どもは叫び、そして目覚めます。腸の中に強度の鼓脹が現われ、そして現在、週に一回発作を起こしています。このことは一見心配なことのように思えますが、別な面ではどこか救いのあることのようにも見えます。なぜなら一種の治癒の過程が、自然的な回復がそこに現われているからです。それは内的に引き起こされた峠《クリージス》（病気がよくなるか悪くなるかの境目）です。回復の過程はもちろんゆっくりと進行します。それ以外のことは期待できません。なぜ睡眠後九時間経って、このような発作が起こるのでしょうか。なぜならアストラル体が肉体にふたたび戻り始めるからです。しかしそれは容易ではないのです。アストラル体は肉体の中へ入っていけません。入っていこうとするたびに押し返されます。ですからそのような症状が現われ、子どもは立ち上がったり、叫んだりするのです。身体の中にアストラル体が収まりますと、一日中比較的良い状態が続きます。腹部に強度の鼓脹が生じるのは、アストラル体がまだ完全に腸の中に組み込まれていないからです。アストラル体が比較的独立しているために、特徴的な心的徴候が現われます。つまり絶えず汗をかくとか、すぐに興奮するとか、活発に想像力が働くとかです。それではいったいこのような場合に何をしたらいいのでしょうか。そのような場合に特に大切なのは、勝手に単独で働くアストラル体の力をエーテル体と肉体に適応させるようにすることです。この子どもに対して、私たちがとるべき最初の処置は、すぐおもちゃを取り上げることです。おもちゃは子どもの魂にとって毒なのです。この子の想像力は、まだ未完成な形態に対して働かなければならないのです。ですから、できるかぎりたくさん絵を描いたり、特に彫塑や彫刻を行なったりすることで、アストラル体を活発に働かせなければなりません。適当な大きさの木片を彼に与えて、それで人間の形を作るように促すのが、彼に対して最初になすべき教育者の態度です。すでにできあがった製品を彼に渡すのは避けてください。自分自身でいろいろなことを行ない、手足で十分に運動できるように配慮してください。私たちはまだそうしてはいませんが、これが彼の場合にこれから必要になります。

さてこの子の場合、アストラル体を通過させないような臓器がどこかにあるとは思えません。むしろあらゆる身体器官が全体としてそのような在り方をしており、軽度の奇形への傾向さえ見られ、そのためにアストラル体が身体の中に入っていくときに、左側のより弱い部分にいってしまうのです。ですからいつでも左側に麻痺が起こる危険がありますが、この年齢では軽度であれば、それもたいして害にはなりません。むしろ身体を強化する方向に導いてくれます。

さてこの子がこの体質のゆえに特に嫌っている食物、つまり果実酸を含んだすべての食物を、できるだけわずかな量だけ、彼の好む食物に混ぜることが望ましいのです。それを他の食物と一緒に摂取できるようにするのです。ですから肉を入れた器の中にあらかじめ果実酸を含んだ何かを入れたり、ごくわずかなジャムを加えた肉料理を食べさせたりします。

次にヴァルドルフ学校のような、まともな教授法をもった学校の授業に参加させます。この子がどのくらいの早さで進歩するかは問いません。いずれにしても、彼は授業に参加しなければなりません。オイリュトミーの練習をするときは、個々の音声にこだわらずに、アストラル体をよく形成できるように、肢体を活発に運動させるのです。今の状態がどうあれ、この子はやがて進んで自分の治療に協力するようになるでしょう。

それに反して、その前に取り上げた子は、一種の小悪魔のような在り方をしておりますので、扱いが非常に困難です。どうぞ考えてください。子どもの肉体が小さいままに留まっていればいるほど、その分そのアストラル体は、肉体組織に適応することなく、大きくなるのです。実際、この子のアストラル体は自覚してはいなくても、立派な役者です。ひとつの分野でこの子を立派に教育できたなら、たとえば演劇の分野で、ひとりの先生だけではなく、ほかの先生も一緒になって、それぞれ細かい指導をするとすれば、小さな姿のままでいても、この子は役者たちにRその他の発声を指導できるところまでいけるでしょう。

この子は見たところ落ち着いているように見えても、非常に動きに富んでいます。ですからこの小さな子どもの中には一種の悪魔的な存在が、本当に超感覚的な存在が宿っているのです。言い換えますと、さきほど皆さんの前に坐っていた存在の中には、小人の能力が含まれていたのです。それは小さな姿の超能力者なのです。

一方そこには役者もいて、トンボ返りも、横宙返りもやってのけます。たとえこの子が投げやりな態度で歩き廻っていたとしてもです。この子は私たちの手にはほとんど負えないくらい難しい子どもなのです。治療オイリュトミーや言語形成法のように、肉体を通して知性にも働きかけるものを例外とすれば、肉体に働きかけても、ただ落ち着きのないアストラル体だけに向き合うことになってしまいます。この子には肉体を通して人間性に働きかけることができないのです。皆さんはまるで魔法使いの弟子になったような自分を感じてしまうでしょう。つまりその弟子は、手斧で箒《ほうき》を真っ二つにしたのに、箒は二つに増えてしまうのです。(2) この子を教育しようとしても、皆さんはただこの子の運動能力をもっと強めることしかできないでしょう。皆さんはいつも常に活発なアストラル体と向き合わなければいけないのです。

(2) ゲーテの詩「魔法使いの弟子」参照。

このような場合にはどんな教育が必要なのでしょうか。しばしば行なわれていることの正反対を行なわなければならないのです。しばしば演劇的な興奮を子どもに体験させることに価値をおいています。しかしこの子の場合に大切なのは、授業中の興奮を、その後で緩和できるようにすることなのです。この原則はあらゆる授業に適応されなければなりません。ですからこの子の注意力に正しく訴えかけるためには、忍耐を持たなければなりません。そのアストラル体がどんなものであるとしても、正しい想像力に応えられるものを、そのアストラル体に提供しなければなりません。

ですからできるだけおもしろくて心をわくわくさせる物語を考え出してください。子どものすぐそばで、あなたがた自身が想像力豊かな詩人になってください。そしてその物語が大きな興奮を呼び起こすように話し進めて、子どもの無意識的なアストラル体の中にまで皆さんが入り込めたら、今度はそれを追い払うように試みてください。今まで話したことについて、それを笑いものにするようにしてください。大きなことをやり遂げて、子どもを喜ばせた主人公に対して、今度は批判的な態度をとるのです。たとえば次のように言うのです。「ところがこんな大事なことがやれた人なのに、この人はそういうときに決って鼻をかむ癖があったそうだよ。どうしてもそうしないと気がすまなかったんだね」。何でもいいのですが、最高の高まりを示した物語を滑稽なものにするのです。そして全体を空中分解させてしまいます。しかし子どもの喜びをだいなしにしてはなりません。大きな出来事が水の泡のように消えてしまった、と説明するときにも、楽しさが失われてはなりません。そしてこの授業全体を通して、子どものアストラル体が肉体に適応したくなるようにするのです。

皆さん自身が詩人になり、そして物語の中で、自分を茶化すようにして、子どもとつき合う態度を忍耐強く続けるならば、この子は九歳、十歳までに、自然な成長を取り戻し始めるでしょう。そうできたならば、非常に多くの成果を上げたことになります。そのことによって、すでに胎児のときに作られた無秩序な身体組織全体が正常な状態に戻るでしょう。皆さんの行為を通して、すでにある、いろいろな症状がなくなるでしょう。症状に直接手を加えようとしても、この場合には何も効果がありません。この子からRを強調する習慣をなくさせようとしても、それは不可能です。ちょうどヴァイマルの或る役者の癖を直すのが不可能であったようにです。この役者はもちろん、子どもではありませんでしたが、フロインデルル（Freunderl　友達）と発音できず、それぞれの綴りを強調したのです。彼はこの原則を非常に強調して発音しました。ですからフロインデルル、ケプフヒェン、キントライン（Frḗundḗrl, Kö́pfchḗn, Kī́ndlḗī́n）と言いました。このように、子どもが発音するときにも、Rを取り除こうとするのは間違ったやり方です。そうすることで、子どもをただ味気ない、怠惰な存在にしてしまうだけです。それに反して、私が述べたようなやり方をすれば、Rへの傾向がひとりでに消えてゆくのです。

第八講　治療教育の実際　その三（一九二四年七月三日）

愛する皆さん、初めにこの男の子のスケッチを見てください。この子はとても上手に絵を描きます。特に細部をこんなに的確に把握しています。これを見れば、この子がすぐれた観察力に恵まれていることが分かります。この絵を見ると、彼がどんな絵を描こうとしているか分かりますね。学校で習っていることをそのまま絵にしています。彼はこの絵を学校で描いたのですが、皆がそれぞれ自分の勉強をやっているところを描いています。――私たちの学校では、経済的にやらざるをえませんから、どの紙も両面が使われています。

（男の子に向かって）「君のことを黒板に描いてもかまわないだろうね。ほら、これが君についての絵だよ」。

（この少年のことは後で取り上げられる。続いて新しい子が紹介される。）

子どもをこちらへ連れてきてください。さて頭が特別大きいのは、水頭症だからです。

水頭症については後で述べますが、この子の頭は周囲が六四センチあります。この子を引き受けたときは、四四センチでした。二月二十五日は五四・五センチ、四月七日には五六センチになりました。四月七日から十一日までにさらに大きくなり、四月十九日には五八センチ、五月二十八日に六一センチ、七月一日には六四センチになりました。その他の点では頭部に異常な発達は見られず、ほかの子とまったく変わりはありません。ものを摑《つか》むこともできますし、食欲もあり、病気のときを別にすれば、とても陽気です。耳がとても大きく、その大きさは頭の大きさに釣り合っています。その耳を見ると、そもそも頭の肥大化がどこから始まっているかが分かります。つまりここから始まり、ここへ続いていま す。顔面はこの肥大化と無関係です。顔面は膨らまされているだけで、肥大化してはいません。皆さんはご覧になって、この子も眼でものを見ている、とお感じになると思いますが、この子が見ているのはまったく一般的な光の印象だけで、正確に対象を見ているのではないのです。

さて、私がここに来る前に、悲しい電報が届きました。この子のお父さんが狭心症で亡くなられたのです。

この子の現在の姿を見ると、とても大きな胎児のように思えてきます。実際この子は胎児の段階に留まり続けており、胎児期の成長法則をまだ抑えることができずにいますが、それは原因となっている働きが強力な仕方で内部から生じているからなのです。私は、ある境を越えたら、頭部形成の調和をある程度まで達成できる、と期待しています。――以上の点を除けば、元気な子です。人間の謎がこの子を通して表面に現われています。このような障害は人間の生命だけでなく、全宇宙の生命にまで光を投げかけています。

（ここで病歴についての報告がある。）

この子は生後六か月で、私たちのところに来ました。生まれたのは去年の八月で、私はイギリスへ行っていて留守でしたが、私が名づけ親になりました。この子は正常な状態で生まれました。母親は妊娠中ずっと健康でした。特にこの点に注意していただきたいのですが、彼女は妊娠中非常に多くの時間、タイプライターを使っていました。これについての説明は後でいたします。生まれたときの子どもには、何も特別なところはありませんでした。胎児期もずっと正常でした。生後、肺で呼吸するようになってから、異常な状態が始まりました。生まれたとき、臍《へそ》の緒《お》が首に巻きついており、羊水の中には胎便が混ざっていました。体重は五ポンド四分の一でした。生後二週間で一度痙攣を起こしましたが、このことも憶えておいてください。つまり自我組織とアストラル体が、肉体とエーテル体に入り込めない状態がはっきりと現われ始めたのです。そのときは真っ青になり、腕を振り廻していました。真っ青になるというのは、いつでも、肉体の中に沈んでいけないことを意味しています。極端に青ざめるときには、特別な奇癖も生じます。そのような場合は、アストラル体が、生まれたとき、すでに強度に形成されていたことを示しています。たとえばゲーテの場合も、アストラル体が出生時にすでに強度に形成されていました。ゲーテも真っ青な状態で生まれました。そして後になってから、アストラル体と自我組織を受容できるようになったのです。

この子の場合の痙攣はやや後になって起こりました。次いで半年のあいだはまったく正常な発育を続けました。もちろん、完全に正常だったのではありません。頭と肢体のあいだの不均衡がまだ気づかれなかっただけなのです。この子は母乳で育てられました。生まれたとき、頭は目立って小さく、神経＝感覚組織が弱いとは言えませんでした。九月頃から次第に頭が大きくなり始めました。もちろんもっと早くから始まっていたのですが、母親はそれを異常なこととは思わなかったのです。その子が一週間に三八〇グラムも体重を増加させるまでは、目立った変化があったときにも、それを異常とは認めなかったのです。十二月中旬に頭の周囲は四九センチになりました。子どもはおとなしく、あまり泣きませんでした。無感動な状態でした。泉門は非常に緊張していました。食欲はありました。頭の皮膚に化膿した水泡が生じました。食欲も便通もありました。それがここにいる子なのです。

さてこのような場合に、いちばん重要なのは直接観察することですが、特に霊的に観察することが大切です。この子の場合に明らかなのは――母親は当時まだ健在でしたが――、この子のアストラル体が母親のアストラル体の特徴を非常にはっきりと受けていたことです。これほどその類似性が顕著な例はめったにありません。とはいえ、自我組織も同じ特徴を示しているとは言えません。むしろ自我は未発達な状態に留まり続け、妊娠六、七か月における胎児の自我の段階に留まっています。アストラル体が極端に発達した結果、自我組織は、妊娠中の最後の二、三か月の成長をアストラル体と共にすることなく過ごしてしまったようです。そして生まれた後も、このアストラル体を通して、胎児期に持っていたすべての力を今まで自分の中に保持し続けました。

そこで皆さんにも是非考えていただきたいのですが、一般に、生後二、三か月は胎児期の状態を本質的に継続しているのです。生後二、三か月のあいだの母体の外での発達は、胎児としての胎内での発達と非常に似ているのです。その理由は、子どもの身体の根本的な変化が、呼吸系から始まるからです。子どもと外界の空気との結びつきは、ゆっくりと習慣づけられねばならず、しばらく経ってから、生体全体にまでその結びつきの影響が及ぶのです。もちろんこの結びつきは初めから生体に影響を与えているわけですが、しかしその影響は次第に生体全体に及ぶのです。このように、生後しばらくのあいだは、胎児の力がまだ働いていますから、発育不全が、人体に悪影響を及ぼしても、この子の場合のように、胎児の組織がそのまま継続しているほど極端になっても、まだ気づけないのです。さて、ご承知の通り、胎児は大きな頭と小さな身体とを持っています。大きな頭はいろいろな宇宙作用力の結果です。胎児の頭の組織はその全体が宇宙諸力の作品であると言えます。母親の子宮は、その働きが地上の諸力から保護されている場所です。子宮という器官は地上の影響の及ばない空間を確保しており、そこでは宇宙作用だけが通用します。そこは宇宙と直接結びつき、宇宙作用だけが生じる空間なのです。

さて、このようなところで、頭の組織が成長していきます。母体そのものの働きが胎児に作用するときには、胎児は代謝＝肢体系の中でこの作用を受けとめます。ですからこの子の場合には、宇宙諸力が生後にまで作用し続けている、と言えるのです。肢体＝代謝系の発達に要する地上的な諸力が宇宙的な諸力によって支配され続けるのです。

その結果はまったく明らかです。もしこの子がもっと長く、十か月以上も長く母体の中にいたとしても――この仮定はまったく不合理なものですが――、頭がもっと発達していき、肢体は十分な成長を遂げることができなかったでしょう。その場合は超地上的、宇宙的なものだけが成長する機会を持ったでしょう。

それでは、いったいどうしてこういうことになってしまったのでしょうか。それに対しては次のように言わなければなりません。――今こうした事柄がここで取り上げられているその瞬間に、電報が届きました。父親が心臓の発作で亡くなったのです。とても残念なことですが、このことをこころに留めておいてください。

私たちには次のことが分かりました。それは後で病歴を調べて確認できたのですが――

母親に次のような質問をしたのです。「あなたは妊娠中、何か特別心にかかったことはありませんでしたか」。――私はそれについて次のように説明を加えました。「子どもがあなたのお腹《なか》の中にもっと留まっていないで、生まれてきてしまったことは、つらいことではなかったでしょうか」。――母親は「そうでした」と答えてくれました。母親はあの宇宙共同体の中で、もっと子どもと一緒に結びついていたかったのです。生まれることによって子どもが自分から去っていったこと、子を胎内に留めておけなかったことは、彼女の感情生活にとって、つらいことだったのです。この感情は、一面ではカルマ的な意味で、極度に強い関連が母と子のあいだにあることを示しておりますが、別の面では胎児期に働く諸力が子どもの中に留まり続ける原因になっていたことをも示しております。母親の異常な魂の在り方が――もちろん、深いカルマの関連と共に――子どもに感染しているのです。

さて、生活状況というものは非常に複雑なので、すべてを見通すことは困難です。しかしこのような場合には、諸事象がしばしば事柄の本質を示してくれます。子どもが生まれてからまだ一年も経っていませんのに、父親が狭心症で亡くなられました。このような事情には常に深い関連があります。それは今日や明日の問題ではありません。父親の心臓病はもっと長期にわたっていました。どうぞ、心臓病が肢体とどれほど深く関係しているか、またある種の心臓病の影響で足の組織がどれほどすみやかに弱くなるか、肢体のもっとも重要な関節組織と関節滑液とが心臓病の影響でどんなに苦しむかを考えてみてください。

肢体系は父親から、頭部組織は母親からもっとも影響を受けますが、この遺伝の働きを忘れてはなりません。

そこで、受胎を次のように考えてください。この場合、生体の力を肢体内へもたらすことのできない父親の特質が子どもに伝わり、そのため子どもの頭の組織が母親から極度に働きかけられるようになったのです。ここであらためて、なぜ母親が胎児をそれほど愛したのかが明らかになってきたと思います。その理由は、子どもがあまり父親の遺伝の力を受けられなかったこと、母親が主要なものを与えることができたことによるのです。

これはひとつの典型的な例です。これが異常を持った多くの子どもたちの原現象となりうることを、皆さんは理解できなければなりません。この子に見ることのできるものは、胎児期にまで遡る発育不全の極端な場合です。

同じ事柄は、あらゆる可能な形式をとって、子どもたちの発達に現われます。この子の場合は、胎児状態が生後に生じるべきすべてを圧迫しているのですが、歯の生え変わり後から最初の七年期の力が優勢になることもあります。第一・七年期の子に生後の状態に移行できない事態が起こりうるように、第三・七年期の子に第二・七年期以上にまで成長を遂げられない事態も起こりうるのです。この場合は、子どもを外から見ると、思春期に達しているように見えますが、その身体構造全体は第三・七年期にまで成長しておらず、七歳から十四歳までの働きをまだ継続しているのです。

いろいろな段階での発育不全が考えられます。この子は極端な場合ですが、皆さんが極端な場合をお知りになった後で、数多くの障害児におけるそれぞれの度合の例に出会われるのは、治療教育の上で大切なことです。

明日、治療と病理の問題を取り上げますので、そのために今日は、個々のケースを見ておきました。以上についての治療教育からの観点は、明日、お話ししようと思います。

(シュタイナー博士は、ここでこの時間の初めに紹介した子どもについて述べる。)

先ほどの少年を見て、「どうしてこの子が問題なのか」と思った人も多かったでしょう。彼を外から見ると、気持ち良く応対する少年であるとしか思えません。彼はほかの子たちと同じように絵を習い、何時間彼と話していても、機嫌良く、気持ちの良い答え方をします。彼に接する人たちはそのことを経験させられます。その人たちは異常な点を彼の中に認めることはできませんし、たぶん次のように言うでしょう。「この人智学者たちは変わっている。ほかの子たちの手本になるような子を臨床治療院へ行かせて、治療している」。

この少年は、信じられぬような仕方で盗癖を示しているのです。本来、すべての生活現象に働きを及ぼすべき意識が、まさに盗みの場合にかぎって、排除されているのです。盗みをこの上なく巧みに行なうにもかかわらず――この点に注意していただきたいのですが――、彼は自分のその行為をあまり意識していないのです。彼はベルン学校に通っていた頃、そして別の土地でも、自白させられました。しかし彼に自白を求めるには、かなり苦労させられます。彼はものすごくずる賢いやり方をします。しかしそのやり方は、利己主義によるものではないのです。彼はこの上なく巧みな仕方で盗んだ品物を、友だちにやってしまいます。または友だちを喜ばせるためだけに、盗んだお金を使い果たしてしまいます。そういうことができる子なのです。

その場合、半ば無意識的によく嘘をつきます。なぜなら彼は――意識が個々の態度にまでは及んでいないので――自分が何をやっているのか、わきまえていないのですから。どうして盗みなどをやったのかを告白する段になると、彼は思いもかけぬような作り話をやってのけるのです。彼がどのようにして品物を見つけたか、どのようにそれがそこにあったか、それをまったくずるい仕方で、長い物語に仕立て上げます。品物は実際、魔法にでもかけられたかのように消えたのです。

ヴェークマン博士の話してくれたことによれば、長いあいだみんな彼がごく正常な少年だと思っていたのです。その間、彼が盗みを働いていたことに誰も気づきませんでした。ところがある日、誰かのカバンから何かがなくなっており、別のカバンからも何かがなくなっていました。つまり周囲の人びとは、ある日自分の持ち物がなくなっていることに気づかされたのです。この二つの出来事を結び合わせてみました。一方には臨床治療院における品物の非物質化現象という奇妙な話があり、もう一方でこの少年がすべての学校から退学を命じられていることが分かっていました。品物はただ消えてしまっていました。これらが二つの事実としてあったのです。

しかしおとながやったとも考えられます。現在、この病院には五十二名の人びとが働いていますので、そのうちの誰かがやったのかも分からないのです。突然そういうことを考えさせられるのは、もちろん嫌なことです。心霊学者ならば、品物が非物質化現象を生じた、という説明をすることで満足できるでしょう。品物の非物質化現象については、どんな理論でも打ち立てることができるのです。

ここにいる少年をよく観察してください。この部分（黒板に描かれた、こめかみのところ）で頭の組織がこんなに圧迫され、この部分（後ろの方）へ押し出されています。その霊的な理由は、アストラル体の器官部分が非常に強度に、特に左側のこの部分で発達しているということです。それ以外は外から見て、特に変わったところはありません。

では次の子を連れてきてください。どういう処置ができるかについては、明日お話しいたします。

（次に少女が連れて来られる。）

見てください。彼女がどんなに感じが良く、美しいかを。みごとな金髪です。けれども彼女にはこういうことがあったのです。少しのあいだ子どもたちだけでいたとき、皆はとても仲よくやっていました。ところが一昨日私たちに紹介された少年に、この少女はハサミを持ってくるように命じたのです。あの少年は従順な良き紳士ですから、言われた通り、ハサミを持ってきました。少女はそのハサミで自分の髪を根元から切り落としてしまいました。彼女は俗物ではありません。彼女の美しい青い眼と非常にみごとな金髪の輝きのニュアンスに注目してください。この子が非常に硫黄質であること、態度においても非常に硫黄質であることが直接感じ取れます。彼女は愛すべき少女ですが、硫黄質を内に持ち、内的に活動的で、かつまた緊張しています。

（少女がシュタイナー博士の腕を噛む。）

この子は服を嚙んだだけです。

生まれたときの体重は四ポンドもありませんでした。しかし月満ちて生まれ、胎児期の異常もありませんでした。七か月間母乳で育ち、一年目に歩けるようになりました。これは比較的早いですが、正常なものです。ことばも正しい時期に学びました。発育は正常でした。一年半でおねしょをしなくなりましたが、今でもまだ昼間おもらしをします。睡眠時はまったくしません。このことからも分かるように、この子の生体に弱いところがあるのですが、その弱さはアストラル体が分離しているときではなく、身体に結びついているときに現われるのです。一年半前に、つまり三歳半のときに――どうぞこの時期が七年期の中間点に当たることに注意してください――、彼女は高熱を伴った頭痛を患い、すぐその後で麻疹《はしか》にかかりました。彼女は病気にかかりやすかったのです。そのときから、この子は特別興奮しやすくなりました。母親もまた同じときに流感にかかり、そのときから興奮しやすくなりました。そのように、母親と娘のあいだには並行現象が見られます。内的に緊張しており、本来肢体系はよく発達しているにもかかわらず、いつも食欲があまりありません。ご承知の通り、肢体系の成分は養分によって作られるのではなく、宇宙から呼吸と感覚活動の回り道をとって作られます。養分の摂取を妨げているこの食欲不振は、頭の活動に原因があるに違いありません。彼女は生きいきとして、想像力豊かです。じっとしておれないのは、こころの中もそうだからです。想像力が頭にではなく肢体に由来するということを、彼女は手に取るようにはっきりと示しています。頭の組織は非常に弱く、肢体組織は特別強いのです。想像力は肢体から生じるのです。

彼女はしばしば不安な夢を見ます。ここでは取り上げられていませんが、しかしはっきり知っておかなければならないのは、子どもがどのような夢を見るか、目覚める直前に見るのか、それとも眠った直後に見るのか、ということです。ここに示されているような夢は、眠ったすぐ後で見た夢です。しかし子どもに夢のことをいろいろと物語らせるなら、非常に興味あることが分かるでしょう。目覚めるときの夢を思い出させれば、非常に興味あることが分かってきます。それらを語らせなければいけません。

以上が今日皆さんに紹介しておきたかった例です。明朝八時半からの講義で、どういう扱い方ができるかを話します。

第九講　治療教育の実際　その四（一九二四年七月四日）

さて皆さん、昨日は何人かの子どもを紹介いたしました。子どもの治療については、まず実例に即して語られる必要があります。症状はあらゆる方向で生じ、どの場合をとっても、そこにはほかにない特徴を持っているからです。ひとつの実例の中から、ほかの場合にも役立つ処置を見つけ出すことによって、私たちは少しずつ前進していくのです。

昨日の例を思い出してください。十二歳の盗癖を持った少年のことです。霊的に見ると、このような盗癖者は、原理上の問題としてすでに申し上げたことですが、アストラル体の障害によって、社会生活上必要な判断が持てなくなっています。その場合、皆さんによく考えていただきたいのは、道徳に関する一切の事柄、一切の道徳衝動は、地上の生活においてのみ意味を持つ、ということです。現代の皮相な考え方に囚われて、誤解しないようにお願いしたいのですが、皆さんが超感覚的世界へ参入したときには、地上の原則は意味を失い、地上におけるような意味での道徳判断は存在しなくなるのです。なぜなら、そこでは道徳的であることが当然なことだからです。道徳判断は、善か悪か選択の余地が存するときにのみ、生じます。一方、霊界においては、善も悪も性格上の特質なのです。善き存在がおり、悪しき存在がおります。ライオンを考えるときに、それがライオンらしさを持つべきか持たざるべきかを論じることができないように、地上から離れたときには、善か悪かを論じても意味がないのです。同様に、肯定するのか否定するのかも、一人ひとりの人間の主観性の内部で、そしてまた道徳的環境の中に生きる人間相互のあいだでのみ問題になるのです。

盗癖のような病気の場合も、当の患者が自分のアストラル体を十分に発達させなかった、というだけのことにすぎません。つまりそのアストラル体は、道徳判断のための感覚を発達させせられないほどに、抑圧されていたのです。ですからこの少年にとっては、特に興味を引く何かがあったときに、それを自分のものにすべきでない理由がどこにも見出せなかったのです。なぜなら彼は、「所有者」という概念、何かが誰かのものであるということ、そのようなことに意味があるとは思っていないのですから。そのような判断ができるほどにまで、彼のアストラル体は地上の世界と結びついていないのです。

これとまったく同じ現象は、色盲が青や赤を知覚できず、青も赤も存在しない世界を見ている場合です。ですから皆さんがある色面を緑と見るとき、赤色盲の人はそれを青と見、青色盲の人はそれを赤と見ます。青色盲の人のために森を描くとき、森は赤い木々からなっていますから、木々を赤く描かなければなりません。色盲の人と色について議論することに意味がないように、霊界においては誰の所有物なのかを議論しても意味がありません。この少年は、所有権についての人びとの考え方を理解できるほどには、物質界に参入していないのです。彼にとっては、特に「発見」の概念、「何かが彼を驚かせる」、「何かが彼の興味を引く」という概念の方が重要なのです。

しかし彼の概念の形成能力はそれ以上には出ません。彼のアストラル体は意志の領域にまで入ってはいけず、多かれ少なかれ知的な領域内に留まっているのです。つまり意志の諸器官がある面において萎縮しているのです。その結果、この少年は、知的領分において善である事柄を、意志の領分においても適用させてしまいます。知的な領分で誤りが生じますと、子どもは愚鈍になります。意志の領分で誤りが生じますと、子どもは盗癖を持つことになります。

さて、このような異常性を克服するのは、非常に困難なことです。なぜなら、人びとがきちんとそれに対処すべき年頃の子どもには、まだその徴候が見出せないからです。そのような幼い子どもは、周囲の人びとの行ないをただ模倣するだけなのです。ですからその子どもに盗癖の素質があるかどうかを、その行動や態度からだけでは判断できません。盗癖が現われるのは、歯が生え変わった後からです。しかし歯が生え変わっても、子どもはまだその魂のすべてを地上に降ろしてはいませんから、「善いことは好きだ」、「悪いことは嫌いだ」という判断以上の道徳力をまだ発達させずにいます。ここではすべてがいわば美的判断に留まっています。

それゆえ、教育者に必要なことは、善に対する感覚を子どもに呼び起こすこと、教育者が自分を子どものお手本にすることです。ですからヴァルドルフ学校教育は、この年頃の子どもたちが当然のように教師を権威ある存在として仰ぎ見ることができるように配慮しています。そして教師は、善に共感を寄せ、悪に対しては反感を持つことができるように、子どもに語ることを大切にしています。いずれにせよ、自明のことのように権威として先生がそこに立っていることが大切なのです。健康な子どもにとってもこのことが必要であるとすれば、今私たちが問題にしているような子どもにとっては、このことが最高度に必要なのです。もっとも効果的な教育手段は信頼ということです。子どもが教師に対して持つ信頼です。このような子どもたちに対しては、この点を特にしっかりと理解しておく必要があります。信頼が前提になっていなければなりません。

さて、当然のことですが、私たちのこの講習会において大切なのは、子どもの発達をよく観察することです。非常に早期から学習意欲を持ち、その学習成果に特別大きな喜びを持つようになった子ども、つまりすでに歯の生え変わる以前から、身につけたことに或る種の快感を持っている子どもの発達は、間違った方向に行きかけている、と考えなければなりません。後になって盗癖を持つ子どもは、たとえば新しいことばを身につけては、それを舌でぴちゃぴちゃ味わうような仕方で、幼児の繊細な時期に、エゴイズムを発達させた子どもなのです。このような例は珍しいと思うかもしれませんが、いくらでもあるのです。

私たちは世の中の出来事がどのような結果を生じさせるかについて、一定の洞察力を持たなければなりません。医者にとっても、教師にとっても、世間で起こっていることに敏感であることが、原則をよくわきまえていること——それも当然必要なことですが——よりも、もっとはるかに大切なのです。

ですから皆さんは、検事ヴルフェンのようであってはなりません。私たちは、次のように言うことができなければなりません。——「子どもは成長期の生活環境に左右されることが非常に多い」と。——どうか次のような場合を考えてください。何かを身につけるたびに、舌をぴちゃぴちゃさせているような子がいたとします。知的な分野でのこの所有の喜びは、歯の生え変わりの頃には、目立った虚栄心に変化します。ほかの事柄に対してもです。歯の生え変わる頃に、まるで生来の要求であるかのように、特に「装う」ことの欲望が生じてくるときには注意を要します。皆さんは、こういう事柄に注意を向けなければなりません。

二つの場合があると思います。私は小さな地域を考えたいのですが、投げやりで、いいかげんな生活習慣を持ち、民兵隊を祖国防衛のために必要なものと見なしてはいても、それに何の熱狂も持たず、せいぜい人工的に作り出された興味しか示さずにいるような家庭環境の中で、或る子どもが成長していくとします。七歳から十四歳までのその子の周囲にいるおとなたちの中に、人類の一員としての義務感に関して、そういう気分が拡がっていたとします。そのような中で子どもが成長していくのです。そういう子どもに、愛を持って見上げることのできる教師がいなかったとき――この年頃の子がいつも両親を仰ぎ見るとはかぎりませんので――、そのようなとき、知的な素質が意志の働きを支配し始め、そして盗癖が生じることになりかねないのです。

同じ子が、民兵隊を厄介視しない環境で成長した場合を考えてみましょう。民兵隊というのは、単なるひとつの極端な例にすぎませんが、軍国主義を必要悪としてではなく、それに激しい喜びを感じ、それに心を引きつけられ、それに従って生きようとする一種のプロイセン主義の中で子どもが成長するとします。子どもは家庭の中から出て、高校、大学へと進みます。その子にはもう一方の子の場合には見られない特徴が現われてきます。そのような子は、自然研究家となり、顕微鏡で観察するためにあらゆるものを取り上げて、載物ガラス（プレパラート）を作る作業を通して、私が先に述べたあの素質を発揮するようになるのです。このようにして変則的ながらも正当な仕方で、この衝動を満足させるのです。

そこでは潜在的な盗癖がすっかり自己燃焼してしまいます。その子は盗みを働く余地のない環境に身を置きます。または盗癖が生じたとしても、盗みということばではあてはまらないような対象を盗もうとするのです。そのとき、子どもの盗癖は、表面から姿を消します。その子は生理学の講師となり、当代のもっとも有名な生理学者となります。そしてその後の盗癖は、講演の中での場違いな戦争讃美となって現われるだけの存在となるのです。彼は講演の中で作戦、戦闘その他の分野のことに言及します。

しかしときには、この傾向が虚栄心に変質してしまうこともあります。自分の言い廻しを他人が使うことは許さない、という感情となって残ることもありえます。天才的な学生でも試験の時間にその生理学者と同じ言い廻しをしたら、確実に落第するでしょう。ましてその学生が同じ言い廻しを舌でぴちゃぴちゃやっていたとしたら、もっとひどいことになったでしょう。

こういう事柄を洞察することが、正しい処置を見出すための感覚を与えてくれるのです。そのためには人生のことをよく知り、人生の多様な陰影を知る感覚を身につける必要があります。そうなれば、右へ行ったらいいか、左へ行ったらいいかをも感じとれるようになるでしょう。

すでに述べたように、心理学の分野での良き治療手段のひとつは、想像力が豊かで、子どもの特徴をよく生かした物語を作って、子どもに話すということなのです。たとえば、いろんなことのやれる人がいたが、その人は自分で穴を掘って、自分がその中に落ちてしまった、というような話です。ドラマティックな要素を持った話を内なる熱を込めて、飽きさせないで物語ることができれば、大きな効果が上げられます。

これに加えて、この少年には、脳下垂体と蜂蜜の注射をしなければなりません。なぜなら、ご覧になった通り、この子の側頭葉は萎縮していますから、それに対抗する成長力を促進させて、この歪《ゆが》みを直すことができるように、配慮する必要があるのです。

特に有効なのは、治療オイリュトミーをたゆまずに行なうことです。母音をすべて両足で作らせます。そして知的なものを意志の中から排除して、ひたすら母音の中に存する言《こと》霊《だま》の力を意志の中に流し込むのです。

ただ、この子のような場合、教師としての権威を持って、こうした処置に伴う嫌なことをあらかじめ子どもと話し合っておくことが大切です。ただそれをするには、早すぎないようにしなければなりません。子どもの知性の中に聞きたくないことを持ち込む必要があるのですが、それをあまりに早くからやりますと、すべてを殺してしまう結果になります。まず面白い物語を考案して話し、次第にその方向へもっていくのです。

このような場合には、良い結果が得られるかどうかを知ることは非常に困難です。なぜなら結果を顧慮する余裕がないからです。盗癖のある子にこのような物語をあまりに早くから始めると、その子は姿をくらますかもしれません。しかし物語はいくらでも繰り返すことができます。忍耐を失いさえしなければいいのです。このような子の症状がひどいときには、しばしば、ずっと後になってから成果が現われるのです。

さて、昨日のまだ一歳に満たない子は水頭症です。この子の治療は初めは本当に困難でした。なぜなら、神経＝感覚系は極度に過敏なのですから。だからこそ、頭が異常に大きくなるのです。神経＝感覚系が異常に感じやすいのです。神経＝感覚系が特別感じやすくなると、それは常に頭が大きくなることで表わされます。とはいえ、それは絶対値ではなく、相対値であることを忘れてはなりません。体格が生まれつき小さい人が、大きく生まれついた人と同じ大きさの頭を持っていたとすれば、それはその人にとっては大きな頭です。異常かどうかを考えるときには、このことに注意する必要があります。この子の場合は異常です。この子には極度の神経過敏が見られます。それは私が昨日、胎児に関して、また父親と母親それぞれの作用に関して述べた事情によって引き起こされました。

ある程度まで正常な状態にするには、いったい何をすることができるでしょうか。この子が生活している大半の時間に、神経＝感覚系への刺激を避けるようにするのです。ですから私たちはこの子を暗い部屋に、完全に暗闇の中に置きます。ですからこの子はいつも静かな闇の中にいて、何の印象も受けません。はじめ、私はそれによって生じる効果の可能性を少し過大評価しておりました。この子はまだ光に対して過敏ではなかったのです。光をごくわずかしか感じ取っていませんので、人が予想していたよりも、光を遠ざけておくことに意味がなかったのです。いずれにせよ、このような子には静かな暗いところで生活させ、できるだけわずかな印象しか届かないように配慮することが大切です。そうすれば、ジタバタ暴れようとする意志衝動が内部から呼び起こされ、そしてそれが感覚＝神経系に対抗して働くようになるのです。これがまず考えられなければならない最初の処置です。その後で、直接、感覚＝神経系に作用させようと試みるのです。

さて、この子の場合、直接、石英は使用せず、内服用には特に片麻岩《へんまがん》の粉末が使われました。(1) つまり石英の作用力をより分散させて作用させるのです。ショックを生じさせないために、直接、石英を使用しなかったのです。石英の作用力は非常に激しい放射性を持ち、槍のようです。一方、石英の作用力が片麻岩の中に分散しているときには、柔らかく作用し、生体内に拡散し、比較的楽な仕方で身体の周辺部にまで働きかけます。高度に薄められた片麻岩はそのような目的に適《かな》うでしょう。

(1) 鉱物はまず砕いて粉末にし、これに乳糖を加える。分量は粉末一に対して乳糖十がD_1、これにさらに十倍の乳糖を加えたものがD_2、そのようにしてD_{10}からD_{20}にまで及ぶ。

子どもはその全存在が神経＝感覚系であると言えますので、その神経の興奮を意志の領域においても沈静しようと試みなければなりません。そのためには野生のケシを入れた温浴療法をさせます。(2) 今、問題になっているような場合には、いろいろな治療の試みを並行して行なわなければなりません。一人ひとりに個人差があります。そのことを理解するために、観察した結果をもっと述べておきますと、まず、注射治療中に(3)体温が低下しました。

次いでそのすぐ後で、頭の大きさが増し、子どもは日中眠り、夜は夜泣きするようになりました。夕方ケシの入浴をさせたら、症状が変化し、便秘するようになりました。それでケシ温浴法を昼間行なうのと夜行なうのとの相違が分かりました。夕方と朝とでは、アストラル体と肉体との関係が異なるのです。

（2）野生のケシの花びらの浸出液を用いる。

（3）鉛による注射治療にはD_6—D_8を用いる。

さて、ここで大切なのは、脳に対する消化系の働きを正常にすることです。この子の場合、母乳が一般の子どもとは異なる作用をすることがあります。母乳は、消化系から感覚＝神経系にまで働きかけるのが普通ですから、三月の初めから母乳をやめ、別の仕方で養分をとるようにしました。つまり花蜜のジュースを与えました。特定の植物の花腺の内容物です。そうすることによって、自我が意志の領域で強められるようになります。花の蜜腺から分泌されるものを養分として与えることで、子どもの内なる個性に訴えかけ、この個性を引き出し、活動できるようにするのです。この点はある程度成功しました。ただこのような治療を試みるときには、常に正しい機会を捉えなければなりません。いたるところで反応が現われますが、素人判断はそれを誤解してしまいます。

さて、数日間この子は花蜜をとりました。すると便は軟化し、下痢をするようになりました。花蜜ジュースをやめると、下痢は止まりました。そして六月十一日から十二日にかけての夜に、まるで危機を迎えたかのように、子どもは泣き叫び、呻《うめ》き声をあげ、そしてかなり排尿しました。息が詰まり、左足に痙攣が生じ、左腕が緊張し、泉門はまったく張り詰め、刺激に対する反応が高まりました。熱いケシのお湯で温湿布をしますと、子どもは眠り始め、翌日はよくなりました。食欲も通便も正常になりました。治療の過程でこのような危機が来るのは避けられません。生体はしなければいけないことを一度に表に出すのです。そのようなとき、ヴェークマン博士がしたような緊急処置が大切です。熱めの温湿布をした後、危機は過ぎました。そういうとき、大切なのは、周囲が心配して取り乱さないことです。この場合、どのような緊急処置をとるかによって、すべてが決まります。私自身もそのときはよい経験をしました。私は別の人から、子どもの状態は悪化する一方だろう、と聞かされていました。ヴェークマン博士はそれについて何も言いませんでした。ですから危機が通り過ぎるべくして通り過ぎたとき、私はやっと安心しました。

こういうときに必要な基本的な心構えはこうなのです。事態を見通すことのできない人は症状を見て、悪い徴候だ、と言うかもしれません。しかし何が起こるか分からないようなときに、大切なのは、ひたすら義務を果たすということです。そして義務が果たされたときには、すべてがあるべきようになるのです。

常に大切なのは、危機に注意を向けることですが、このような場合には危機が不可避であることも知っていなければなりません。そのようなときに、取り乱して見せたりする同情心や同情心に似た感情は決して助けになりません。ただ事態を客観的に受けとめて、なすべきことをすることだけが必要なのです。

さて、治療についてもっと話を先へ進めましょう。すでに見たように、ここでは心理的、教育的方法ではあまり多くのことが期待できません。もちろん、心理的に大切な療法があります。つまり安静と、可能なかぎりの暗闇を保つことです。しかし今問題になるのは、液体、流動体の方向へ生体が向かっているときに、その方向を抑える分解の原理を用いることなのです。水は分解せず、まさに流動し、延び拡がります。分解する力を呼び起こし、そしてそれを強めることが必要です。そしてそうすることができるのは、鉛の作用力です。鉛は分解力を呼び起こす有効な手段です。ですから分解力の代わりに形成力がはびこる病気の治療には、常に鉛治療が必要です。

このような巨大胎児の場合、根本現象として、分解力を抑える形成力が支配しているのです。鉛は特に注射することによって、優れた効果を上げることができます。(4) 鉛の効果は数千年来、知られてきました。人は鉛の治療効果に数千年来、注目してきたのですが、その知識は次第に失われてしまいました。今日、不思議なことに、まったく別の側面からその効果が知られるようになりました。地球全体におけるもっとも強力な分解力は、ラジウムが存在するところにあります。ラジウムから変換過程を通してヘリウムが生じるまでのあいだに、そのことが生じます。一定の条件下では、さらに変化を続けることもできます。

そこには内的な関連があるのです。外なる宇宙におけるもっとも強力な分解作用は鉛の中にその分解作用が集中して存在する物質を作り出しています。ですから生体内に鉛を入れますと、それによって同時に宇宙の分解力をも体内に組み入れたことになります。この点が重要なのです。

(4) 鉛D_6—D_8。

さて、この作用力を注射によって血液の中に取り入れます。私たちの血液循環の中には、宇宙構造全体そのままの模型が存在しています。太陽が宇宙を一回転する二万五九二〇年(5)を、私たちは血液循環の中に、脈搏の中に持っています。私たちは宇宙の分解力を直接、生体の中に取り入れます。宇宙の周期は生体の周期と一致しているのです。内部の世界を洞察するときにも、このような事実が助けになってくれるのです。

(5) 二万五九二〇年はプラトン年のこと。つまり春分の日に東から昇る太陽の黄道の位置が毎年ずれていくが、そのずれが黄道十二宮のすべてをめぐってふたたびもとの位置に戻るまでの時間。人間の呼吸は一分間平均して一八回、その間に脈搏が七二回繰り返される。この呼吸数は一日で、同じ二万五九二〇回になる。

さて、この子の治療法として、私たちは下垂体の軟膏(6)を足に塗布しました。歪《ゆが》みを矯正する下垂体分泌物の力を応用するのです。そうすれば治療がやりやすくなります。治療効果を高めるために、刺激を生体に与えなければならないのは当然です。

（6）牛の下垂体〇・一パーセントの軟膏。

さて、この子が最初の危機を克服できたので、皆はとても喜びました。それは十一か月から十二か月にかけてのことでした。たぶんこの子は何度もこのような危機を乗り越えていかなければならないでしょう。そしてそのたびにますます良くなっていくでしょう。もちろん治療の過程がもっと良くない場合も生じます。しかしいずれにせよ、死へのではなく、生への回復でなければなりません。器官は非常に微妙な回復過程を辿ります。

もうひとつ注意しておきたいのは、このような子に鍼《はり》や水治療を施してはならない、ということです。なぜなら、それによって症状がいっそう促進され、増幅されるからです。しかしもちろん、頭が小さくならなければ、他の治療法をどんなに批判しても、何にもなりません。

この症例は私にとっても非常に興味深いのです。私はこの子のことを考えたり、見たりするたびに、今のこの子だけでなく、この子が三十歳になったときのことをも考えてしまいます。三十歳のとき、身体が六倍の大きさになっているかもしれません。頭部はたぶん三倍半、身体全体は六倍にです。そのような人物を私はまだ六歳の子どもだった頃に見たことがありました。私は彼と親しくしていました。いつも汽車の中で出会った彼は、松葉杖をついていました。なぜなら、からだだけでは頭を支えることができなかったからです。先行筋が退化している上に、彼は巨大な頭の持ち主でした。まるで三十年間、胎児であり続けたようでした。彼は信じられぬほど頭が良かったので、その点でもとても大きな印象を私に与えました。私は彼と話をするのが大好きでした。特に七、八歳頃の子どもは、このような奇形から特別深い印象を受けるものです。しかしその一方で、彼はとびぬけて賢かったので、いろいろなことを彼から学べましたし、彼の判断にはいつも偉大な寛容が溢れていました。彼の賢さと同じように、彼の寛容さも溢れ出ていました。彼の話し方はごく普通で、もって廻ったような言い方はしませんでしたが、ことばを、まるで両唇で甘いジュースを味わうかのように、話しました。その際に両唇をこすりつける仕方はとても独特でした。彼には発明の才もあり、小さな模型にして作ったさまざまな発明品は人びとを驚かせました。彼は本当に興味深い人物だったのです。異常な体質は彼の日常になっていましたから、彼はそのことをあまり気にしてはいませんでした。彼の住んでいた村には、彼のほかにも、理解して接するべき人たちが住んでいました。どんな村にも、一人か二人はそのような成長の仕方をしている子がおり、そういう子は村全体の子どもでした。いつも皆から大切に護られていました。

もう少し大きな子になると、すでに部分的に述べたようなことがどうしても必要になります。私が十一歳になる水頭症の子を受け持ち、完全に治癒させたときにとったような処置がです。

さて、やや粗暴な少女のことに移りましょう。この子は生まれたとき、体重は四ポンドほどでしたが、すっかり月満ちて生まれました。そして七か月間、母乳で育ちました。一年で歩行するようになり、正しい時期に話もできるようになりました。一歳半でおねしょをしなくなりましたが、昼間おもらしをします。三歳半で高熱と頭痛を伴う感冒にかかり、三週間後には麻疹《はしか》にかかりました。母親も同じときに感冒にかかり、興奮しやすくなりました。この子は食欲があまりなく、よく不安な夢を見ました。

これはよくある正常と異常を併せ持った子の例です。こういう場合に必要なのは、アストラル体をエーテル体、肉体と調和させることです。それにはいつでも外的処置として砒素温浴をさせ、時折は砒素剤を内服させることが必要です[7]。これはアストラル体とエーテル体と肉体とを調和させるためです。砒素をより効果的に作用させるには、その入浴前後に足に西洋ワサビかカラシ泥[8]の湿布をすることもあります。ただその際には、ワサビはすり立てでなければなりません。何時間も経ったワサビでは、効果がありません。

（7）いずれの場合も主としてレヴィコ水を用いる。
（8）足の裏、ふくらはぎに数分間湿布する。

心理療法について言えば、こういう子にとって大切なのは、興奮しやすい性質を抑えることです。彼女はいつでも興奮しています。私は、彼女がこの地の環境から特に良い影響を受けたとは思えません。こういう性質の子には抑制することの方が良い作用を及ぼすのです。彼女が見たり聞いたりして興奮するとき、薬を用いてでも、興奮を鎮めることが有効です。ですからお話をしながら、どういうときに彼女が特に興奮するかをよく観察します。それから取り乱さず、自制するように、内的に堅苦しくさえなるように強制します。そうすると、しばらくして一種の性格抑制が生じてきます。物語をするときに、興奮する代わりに、倦んだ様子を現わします。そうしたら、その状態がしばらく、八日から十四日ぐらいまで続くようにします。それからしばらく健康な子どもに対するように自由に行動させます。そうするとまた興奮が始まるでしょうから、ふたたび抑制治療を試みるのです。このように治療は間をおいて行なわなければなりません。なぜなら中断せずに治療を続けると、反動が来ます。やりすぎたときには、軽度の鬱状態が身体にまで及び、子どもをだめにしてしまいかねないのです。

以上、心理療法についても、原則的なことを申し上げました。その場合、こころの中に何が起こっているのかを、徴候を通して観察する力がなければなりません。そして子どものこころの中にあるエーテル体、アストラル体、自我組織などの在り方が異常なのだ、とはっきり知っていなければなりません。私は「などの」と申しました。なぜなら、私たちは人間を次のように区分するからです。

一　肉体
二　エーテル体

三　アストラル体
四　自我組織
五　霊我(9)

(9)　インドのサーンキャ哲学でマナスと呼ばれている高次の人格の働き。小我に対する大我。シュタイナーは『神智学』の中でこの概念の詳しい性格づけを行なっている。

しかし通常は次のように付け加えていいます。「霊我を人間はまだ発達させていない。これは私たちには直接は問題にならない。書物の中には書いてあるが、現在の人間は自我組織にまでしか達していない。したがって霊我に心を患わせる必要はない」。

愛する皆さん、そんなことはありません。人間は確かに自我組織にまで達しておりますが、私たちの問題にするすべての人物が自我にまでしか達していないのではありません。特に成長する子どもの場合、霊我の存在を考えなければなりません。人類の進化に先立って、霊我にまで達している存在のことをです。ヴァルドルフ教育のような教育が生きいきと働いているところでは、人びとはただ眼の前にいる人間に訴えかけるだけではなく、人間よりもさらに進歩して、霊我にまで達している霊的存在たちにも訴えかけなければなりません。

特に成長しつつある子どもの場合に、そのような霊的存在たち、特に言霊《ことだま》と呼ぶべき存在たちと関わりを持たねばなりません。言語を次の世代に伝える行為を、人間だけの手に委ねるとすれば、すべての人間は無力になってしまいます。言語の中には、人間の中におけるように、霊的存在が生きています。人間に働きかける言語の中には、霊的存在が働いています。この存在は、人間が自我組織を担っているように、その生活の中で、霊我を担っています。私たちが語るとき、そのような存在が私たちの中に生き、私たちに霊感を与えています。

私たちがオイリュトミーの中で、どのように芸術言語の可視化を試みているかを考えてください。私たちが用いる言語は、言語のすべてではありません。そのごく一部分です。私たちはオイリュトミーの中で、言霊の働きを眼に見える言語として表現します。この霊的存在たちの霊我は、人間の意志衝動となって、人間に働きかけることができます。この霊我に対して、私たちの治療オイリュトミーは訴えかけようとするのです。

ですからそもそも教育について語るときの私たちは、霊我を発達させている霊たちの呼び声に応えているのです。言語によって語るすべての中で、私たちは霊我と向き合っているのです。ですから異常な子どもたちを教育しようとする人は、霊我に関するマントラを瞑想することが大切です。それは優れた瞑想素材であり、言語霊への祈りです。(10) こういう霊的存在たちが本当にいるのです。

(10) たとえば「ヨハネによる福音書」第一章冒頭の五節。

私たちが学校で行動するとき、その行動が私たちの内的体験をふさわしい仕方で表現しているならば、それは子どもたちにとても大きな影響を及ぼします。その行動は霊我を内に担っている霊的存在たちと結びついています。

もちろんそれは眼に見えるアジテーションとしてではありません。ただ客観的に子どもに働きかけるのです。私たちが幼児の発作をそのまま客観的に受けとめるようにです。国民のすべてが、手をズボンのポケットに突っ込み、何の行動もしようとしなくなってしまったら、そのことは人びとが神々から離れたがっていることになります。人間にもっとも近い神々からです。人間は自我組織を発達させました。そして神々は霊我を育成しました。しかしこの神々のことを人びとは何も知ろうとしません。その結果、言語が堕落してしまいました。言語があるべきものにならずに堕落しているということが、西洋文化にとっての大きな危機なのです。

成長しつつある子ども、特に障害を持った子どもは、純粋に、そして明瞭に語れる、ということが非常に大切です。何らかの仕方で言語が堕落させられることを、決していいかげんに考えてはなりません。障害のある子どもに対しては、どんなときにも明瞭に形成された言語を用いることを原則とします。これは良い作用を及ぼします。子どもがまだ語れないときでさえも——静かにしているという特殊な治療の最中でなければ——、子どもの周囲で良い話し方がなされるのは、とてもいいことなのです。七歳から十四歳までの障害児には、できるだけたくさんの良い言語、良い朗唱を提供することが大切です。繰り返して良い言語を障害児に提供することは、異常であることの内的本質が求めているこｔなのです。

第十講　治療教育の実際　その五（一九二四年七月五日）

今日は最初にもう一度、ラウエンシュタインの施設での経験を取り上げようと思います。まず取り上げたいのは、いちばん年長の十六歳の少年です。この子の障害は、自我とアストラル体が肉体の中で十分に働けないことにあります。彼は比較的遅れて皆さんに託されました。皆さんは十六歳以前の彼とは一緒に過ごしたことがありませんが、すでにかなり進行した前歴がありました。もっと前からこの子を治療することができたら、そしてこの子がヴァルドルフ教育の、「歯の生え変わりから思春期までの時期には権威ある教育をする」という原則の下に教育を受けることができ、彼の興味を引く事柄に先生の眼が届いていたなら、そしてそこからさらに彼の興味を拡げていくことができたなら、そしてさらにこの時期に、適切に処方された鉛治療を受けさせることができたなら、この少年は現在もっと違った魂の水準に達していたはずです。

実際、この子はいろいろなことに興味を示していますし、一定の能力も持っています。

検査の結果、どこに問題があるのかよく分かりました。検査は比較的簡単なもので、少年は私から簡単な計算問題を与えられました。ヴァルドルフ教育の方法による引き算の問題です。一定の数を得るためには全体からいくつ引けばよいかと問われました。――普通の計算とは違って、被減数と減数を与えて、答えを求めるのではなく、答えを与えて、減数を求めるのです。これは魂にとても深く働きかけ、普通のやり方よりもはるかに魂の成長に役立つのです。

さて、この少年は問題を解くことができましたが、即座にはできませんでした。問題を解いたとき、彼はとても嬉しそうでした。私はこの子に、一時間半のうちに解いてくれるかい、と言ったのです。彼は一時間半以内に課題が解けたので、大喜びでした。このことから分かるように、少年には能力があるのです。からだのどの部分も問題の解決に協力しています。ただ課題に答えるのに長い時間が必要なのです。つまり彼には能力が十分あるにもかかわらず、エーテル体と肉体が障害となって、その能力の行使を妨げているのです。この子の関心の在り方は頭の組織の中に留まり続けて、ほかの組織の中にまで下りていくことができません。

この点を考える上で、とても特徴的な例があります。この子は自分の小型のコダック・カメラで私たちを写してくれました。すべてをとても手際よく、熱心にやりました。そこで私は、別の人も写してくれるかい、と頼みました。しかしそうするためには、まずフィルムを取ってきて、自分のやろうとしたこととは別の何かに関心を向けなければなりません。彼はそうすることができませんでした。

何かに興味を持つときの彼は、普通の人と変わりありません。しかしその興味を代謝＝肢体系にまで引き降ろそうとすると、彼のエーテル体と肉体はものすごく抵抗するのです。この年頃になると、それをなくすのは以前よりも困難ですが、繰り返して必要な教育治療を施し、興味を示す事柄を出発点として、そこからさらに興味を別の方向に拡げていくようにすることが大切です。

この子の場合も、はっきり現われている健全な本能をまず大切にすることで、多くの治療効果を上げることができるでしょう。いつも意識しているべきなのは、異常な組織の中にも健全な本能が働いているということです。この子の場合にも、上手にやらなければならないことをやりたくなるようになれば、興味の範囲がどんどん拡がっていくようになるでしょう。

彼が頭部組織から代謝＝運動組織へいたる道をさらに進むことができなかったのは、その道において知覚能力が働いていなかったからです。健常者なら誰にも見られる、淡い体内知覚の能力が、彼の場合にはまったく働いていなかったのです。ですからなおさら、自分の肢体の器用さを発揮できる機会に出会うと、この子はとても喜ぶのです。ですからそういう器用さを発揮できるようにしてあげなければなりません。そのために特に有効なのは、手足を使う治療オイリュトミーの練習です。しかしその場合に必要なのは特に手足の指を集中的に動かすように指導し、そのことによって自分自身に眼を向けさせることなのです。

頭で考えたことに身体がついていかない幼児にとって、特に大切なのは――この子の場合にはもう遅すぎます。しかし、これからもこういう子をいつでも引き受けなければなりません――、まず第一に頭を足にくっつけられるようにすることです。皆さんも自分でやってみると、それがかなり難しいことに気づかれるでしょう。しかし今問題にしているような子どもたちが、自分の足指に口づけすることができるようになれば、それはとても良いことです。

さらに足の親指と次の指とのあいだに鉛筆をはさんで、一つひとつの字母を書けるようにし、自分の足で書いた文字を見て喜べるようにすれば、この子に大きな祝福を与えたことになります。そうすることは、とても良い結果を与えるでしょう。足の指で文字を書くというのも一種の治療オイリュトミーなのです。このような仕方で、治療オイリュトミーはとても役に立つことができます。この年頃になっても鉛治療がまだ有効に作用するかどうかは、実際にその効果を確かめてみなければ分かりません。

以上に述べたことからも分かるように、特別細やかな観察が必要なのです。一見つまらぬことのように思えますが、一時間半もかけて計算することや家に戻ってフィルムを取ってくるのを嫌がること、その他さまざまの細かい事柄を絶えず観察し続けるのです。そうすれば、障害児を教育する上で本質的に重要なこと、つまり教育者が当の子どもについてのすべてを感じ取る習慣を身につける、ということの意味がよく分かってきます。皆さんは言うかもしれません。――「いったい、障害児教育はいくら時間をかければいいのか。いつでも注意を向けていなければならないのなら、瞑想の時間が全然持てなくなってしまう。別のことをやる暇がまったくなくなる」。――そんなことはありません。

こういう考えは内的に克服されなければなりません。内的に克服することが、このような教育課題を背負う人の秘教《エソテリック》になるのです。一日中いわば見張り台に立っていろ、というのではなく、特有の徴候に対する感覚を身につけることが大切だと言うのです。多くの子どもを観察してきた人は、比較的短い時間に、五分か十分のあいだに――すべてを正しく見さえすれば――子どもの本質が洞察できます。どれだけ時間をかけたかではなく、どれほど強く子どもと内的な結びつきを持つかが問題なのです。一つひとつの事柄と本当に内的に結びつけば、まさに霊的な職務においては、多くの時間が節約できるのです。

さて、別の典型を示していたのは、十五歳のてんかんの少年です。この子の場合にあてはまる症状を、皆さんはここにいる子どもの中にも見ることができますが、皆さんの子どもよりも、この子の方がかなり年長です。皆さんの子どもは思春期を迎えようとする難しさを抱えていました。この子は断種されたのではありませんでしたか。その結果は生体全体に及んでいます。この少年は断種されているので、非常に激しく、性的発達を人工的に阻止されたことの反動が現われています。(1) つまり思春期への移行が非常に困難なのです。思春期を迎えるということは生体全体の経過です。この少年にとって、この手術は性的成熟を妨げているということ以上の意味をまだ持っていません。ですから思春期を迎えた一般の少年たちに対するときと同じような態度で接すればよいのです。つまり今生きている現実の世界に関心を寄せることができるようにしてあげるのです。特に大切なのは、ヴァルドルフ学校教育を行なうことです。彼を内的に興奮させたままにしておくのではなく、関心を外に向け、仕事に絶えずたずさわらせるのです。外の世界に興味が持てるようにしてあげるのです。

(1) 当時は両親の同意の下にしばしばこのような手術がなされたが、今日では輸精管のカットに留めておくのが普通である。

この少年がどの程度、学習能力があるのか話してください。たぶんご存知の方がいると思いますが。

(Sさんの報告――「この少年は読み書きができません。昨年は何も学習成果を上げられませんでした。F夫人がモンテッソーリ教具の箱を使って読み書きを教え始めましたが、少年は全然進歩できませんでした。そのように学習に関してはまだゼロの状態です」。)

外からの印象には無感動なのですね。――さて、私たちはこの子のためにヴァルドルフ学校教育を、ごく幼い子どもたちに対するような仕方で、行なう必要があります。ですから絵を描くことから始めて、彼を内的に苦しめているものを色彩の中に取り出せるようにするのです。まず絵を描かせます。そして彼がそれによって何を経験するかを観察します。そしてそこから出発して、さらに彼の素質の中にあるものを育てていくのです。

しかしこの少年の場合、無条件に必要なのは、薬による治療です。私たちはまだ彼の薬物治療については話し合わなかったでしょうか。彼には藻とベラドンナ(2)を注射しなければなりません。これが治療を効果的にしてくれるでしょう。藻の注射がどういうものか、皆さんはご存知だと思いますが、皆さんがそれぞれのケースに応じて処置できるように、こういう事柄を深く理解しておくことが大切です。

(2) 藻はD_5、D_{10}、D_{15}、D_{20}、D_{30}がよく使われる。

なぜこのような場合に藻を注射するのでしょうか。藻という植物には力強く発達した根も花もありません。本来の花と根は互いにくっついています。いちばん主要な部分は葉で、これがすべての他の部分を自分の中から生じさせています。葉が中心ですから、大地との強いつながりがありません。しかし他方、外なる宇宙との強いつながりもなく、地表の水と空気の接するところにもっぱら関わっています。藻とキノコは空気と水との相互作用に深く結びついています。この両植物の特徴は、水や空気の中に分散して存在しているごくわずかな硫黄に強く引かれていることです。したがってこれらの植物は、律動的な生体活動の中で、アストラル体とエーテル体とのあいだを調和させるのに特別に役立ってくれます。そしてこのことがまさにこの少年には欠けているのです。

さて、自我組織がアストラル体に対してあまりに強い要求を持っているので、アストラル体がエーテル体の中へ入れなくなってしまうと、それによる障害が生じます。そういう場合はむしろキノコの方が有効に作用します。キノコよりも通常の植物にもっと近い藻は、肉体とエーテル体がアストラル体を受けつけないことによる不調和に対して調整するのに役立ちます。つまりエーテル体が強力に抵抗している場合です。アストラル体に対する自我組織の要求が強すぎる場合ではなく、エーテル体の抵抗が強い場合に役立つのです。

さらに少女がおりました。この少女について、私の述べたことをまとめて話していただけないでしょうか。

（Sさんの報告――「私は唇が上に反《そ》っているあの少女を一度しか見かけたことがありませんでしたが、そのとき、先生（シュタイナー）は、三歳から四歳にかけて少女のアストラル体に何か特別のことが生じたはずだ、少女はひどい痒《かゆ》みを覚えて、からだを掻《か》きむしったはずだとおっしゃいました。あとで母親が私たちにそのことを確認し、高熱を発した後、ひどい痒みを感じていたと言いました。治療法として教えていただいたのは、ニコチン灌腸です。もしそれで不十分なときには、ニコチン注射[3]をするようにということでした。彼女は十五歳です」。）

（3）タバコD_6がよく使われる。

そうです。この十五歳の少女のアストラル体組織は、生体全体に十分力強く働きかけていません。少女の存在全体がそのことを示しています。特にアストラル体組織は、食べ、味わうときの甘さ、好ましさ、楽しさの誘惑に抗して自我を保つには、あまりにも弱いのです。顔面の下半分のアストラル体が十分に力強く働いていないときには、唇がめくれ上がります。強い味覚の喜びを、すでに口の周りで味わおうとしているからです。こういうことには長い前歴があります。長い過程の末に、比較的後になってからこういう現象が生じるのです。私はこの子が三歳か四歳の頃に発達異常が現われたはずだと申しました。

そういうことに気づくためには、先ほど述べたような意味での愛をもって、こういう事柄に深く通じるようになろうとしなければなりません。「こうした事柄を知覚するには、まず見霊能力がなければならない」という逃げ口上を用いてはなりません。――そういう内的に怠惰な態度を教育を職業とする者が持つことは、そもそも許されないのです。

大切なのは、皆さんが霊学研究に必要な見霊能力を身につけるずっと以前に、人間の中から生じてくるもの、特に異常な状態で発達してくるものに愛情深い帰依《きえ》のこころで接し、そうすることで問題点を見つけ出す直観力を自分の中に創り出すことなのです。そのとき、皆さんはおのずと正しいことが言えるようになります。もちろんそのためにはエソテリックな（秘教上の）勇気が必要です。このエソテリックな勇気は虚栄心がなくなったときに、私たちの中に生じるようになります。

いいですか。今述べた直観力は比較的容易に身につけられるものなのですが、一般にあまり気づかれずにいるのです。それはとても奇妙なことに思えます。人智学徒ならば、この内的直観に注意する機会がたくさんあるはずなのです。人智学徒なら、自分で信じるよりもはるかに多くの直観力を持っているのですが、それに注意しようとはしません。なぜならそのようなことに気づく瞬間に、克服しがたい虚栄心の前に立たされるからです。直観力を自覚するにつれて、あらゆる種類の虚栄心が衝《つ》き上げてきます。昨日、現代という時代について述べた事柄、これまでも繰り返して述べてきた事柄の中に、現代人の虚栄心への途方もなく大きな傾向があるのです。

いいですか、これは皆さん自身について言っているのです。青年運動[4]の経験を持ち、何らかの大きな課題に身を捧げようとしている人たちに、特に考えていただきたいことなのです。皆さんのような人たちは今、人類の再生のために働こうとしています。その皆さんに、私が次のように言うのは、今日の青年運動に対する誤解や無理解からではなく、本当の理解をもとにしているのです。――今日の青年運動はひとつの必然であり、非常に重要な社会現象であり、理解ある年長者にとってはこの上なく関心をそそるものです。ですから青年運動に反対しようなどとは決して思っていません。もっと年上の世代が今日の青年運動を理解する能力に欠けており、この運動の意味をいいかげんに考え、それに十分関わろうとしないために、多くの事柄が挫折してしまいましたが、そのことに対しても、批判しようとは思いません。

（4）二十世紀初頭のドイツの青年たちによる文化復興のための精神運動。市民生活の因襲化に反対する菜食主義、禁酒主義、身体活動、自然医学運動などが教育改革運動と結びついて大きな影響力を持つようになったが、一九三三年以降、ナチスの弾圧によって解散した。

けれども別の面から言えば、青年運動は特定の具体的な課題を引き受けようとしているのですから、青年そのものについて、よく考えてみる必要があると思います。そしてこうした事柄に経験を持っている人は、青年運動の成果にとって非常に有害な事柄に注意を向けざるをえません。ある種の虚栄心にです。虚栄心は青年運動の地盤の上に、そのいたるところに、存在しています。それは不作法であることの結果ではありません。むしろどうしても虚栄心が生じなければならない理由があるのです。運動への意志が内的能力を発揮させるときに、その意志がアーリマンの影響を受けて、虚栄心を目覚めさせるのです。いいですか。私はこれまで未来への希望を持ったいろいろの年齢層の人たちを見てきました。特に身近なところで観察する機会もありました。しかしカリ・ユガ（暗黒の時代）に続く時代(5)の到来と共に――これは青年だけにかぎったことではありませんが、今は青年に特有な在り方についてのみ申し上げますと――虚栄心が特に強く現われ、それによって今若者に必要な特質の発達が阻害されているのです。そしてその結果、偉大な使命について抽象的に語るだけで、それに必要な細事を引き受けようとはしなくなっています。

(5) 神智学の伝承によると、人類史は(一)クリタ・ユガ(金の時代)、(二)トレーター・ユガ(銀の時代)、(三)ドヴァーパラ・ユガ(青銅の時代)、(四)カリ・ユガ(暗黒の時代)と続き、現代はちょうど第五の新しい光の時代を迎えたところだという。

今後私たちに必要なのは、これまでごく市民的な生活範囲の中で――しかし或る種の直観から――言われてきた「細事への畏敬」です。特に青年はこのことを身につけなければなりません。青年はあまりに抽象的な事柄に安住しています。しかしそうするとすぐに虚栄心のとりこになってしまうのです。

皆さんはよく考えなければなりません。どんな困難があるのか、そしてどうしたらその困難を皆さんの秘教的な努力の内容にすることができるのか、をです。直観によって何かを認識しようとする人にとって、答えが拡げた手の上にとまるはずはありません。俗人が障害児について語ることばはたいていの場合、間違っていますが、そういうときに大切なのは、眼の前にある事実を直視することです。そして勇気を持って、ある瞬間だけではなく、持続して、「私にはできる」という意識を保ち続けることが必要です。

皆さんが虚栄心を持たずに、それどころか自己犠牲的な態度で、反抗する心を克服して、このことをただ感じ取るだけでなく、繰り返し自分に言いきかせるならば、皆さんは自分がどれほど多くのことを成し遂げることができるか経験なさるでしょう。ですから何ができるかを思案したり、論理的に考えたりするのではなく、絶えず勇気をもって求めるのです。比喩的に言えば、意識を進化させるために、恐るべき汚物と泥芥に覆われたものを、平気で魂から取り出すのです。

一般に人間は真剣な態度で、ある真実を自分の中に生かそうとしなかったために、教育の分野で大きな成果を上げることができなかったのです。その真実というのは、瞑想に関わる真実です。毎夜、次のようなことばを意識して心の中に生かしてください。——「私の中には神がいる」または「私の中には神霊がいる」。——そして毎朝、「私は神の中にいる」ということばを心の中に生かし、そしてそれをその日一日の中へ輝かせるのです。けれども、このことを理論的に思案するのではありません。たいていの人の瞑想は、何かを理論的に思案することでしかありません。

この二つのことばが感情となり、意志衝動となるくらいにまで心の中に生かすことの意味をよく考えてください。「私の中に神がいる」というイメージを心の中に生かし、そして翌朝「私は神の中にいる」というイメージを心の中に生かすように試みてください。

この上の図と下の図（図例17）は同じことなのです。どうぞ単純にこれは円で、これは点だ、と考えてください。この図は夜はあてはまりません。朝になってからの図です。朝にはこれが円で、これが点になる、と考えてください。円が点であり、点が円であることを、まったく内的に理解してください。

いいですか。そのとき初めて、皆さんは人間に結びつくことができるのです。私が代謝＝肢体人間と頭部人間の図を描いたことを思い出してください。その図は今単純な仕方で瞑想像として示したものの実現を表わしているのです。「実現」というのは、頭部の自我の点が肢体人間の中で円になるからです。円といっても、もちろん人間の形をとっておりますが。いずれにせよ、このような仕方で人間を内的に理解しようとするとき初めて、人間全体が理解できるようになります。しかしまず第一に、この二つの像、この二つのことばが同じものであり、決して互いに区別されえないことを知らねばなりません。

外から見たときにのみ、それらは異なっています。ここに黄色い円があり、ここにも円があります。ここには青い点があり、ここにも点があります。なぜでしょうか。なぜなら、

17.

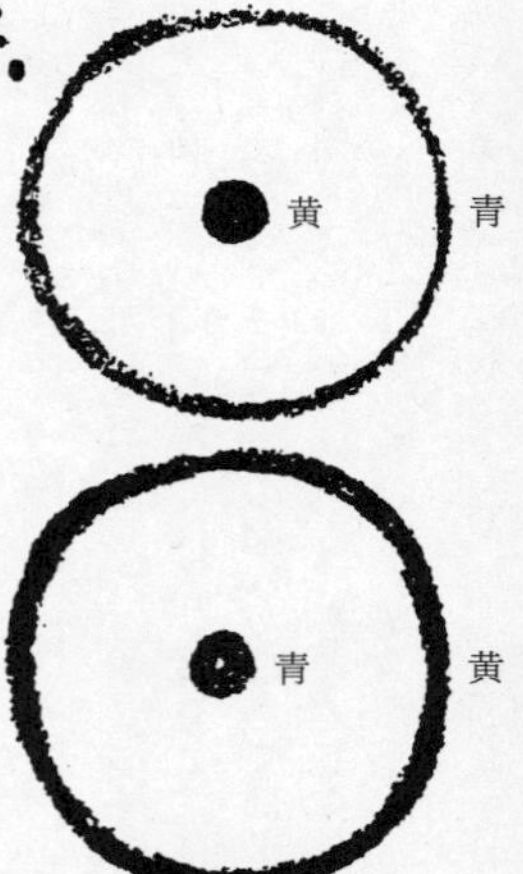

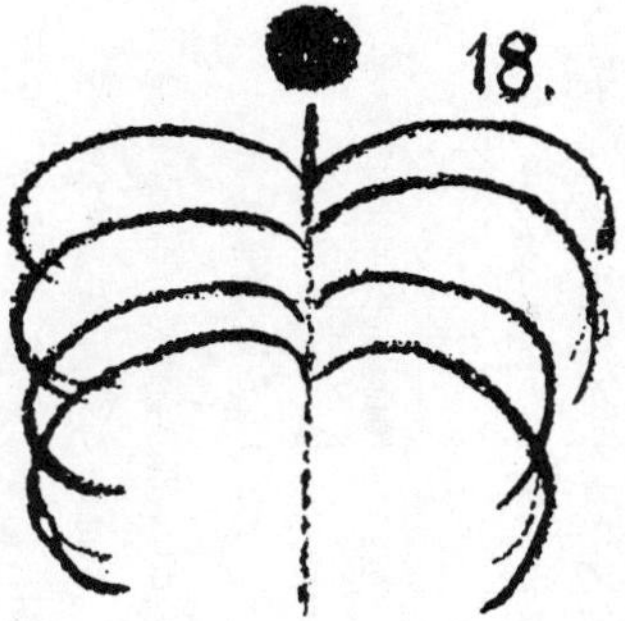

18.

こちらは頭の図式化であり、こちらはからだの図式化だからです。けれども点がからだの中に自分を作用させますと、それが脊髄になります。同じ点が頭の中へ入っていきますと、頭部組織の中心になります（図例18）。形態学の内的な力動性がこのようにして可視的なものになります。ここから出発して瞑想するとき、皆さんは解剖学と生理学の見方を身につけることができるのです。そのとき皆さんは、上顎《あご》と下顎が肢体であること、頭が生体全体であり、上であぐらをかいていること、頭がもうひとつの生体全体であり、その萎縮した肢体が顎になっていること、こういうことを内的に直観するようになります。さらに皆さんは歯と足指とが対極に位置していることをも直観するでしょう。顎の骨の先端部には、萎縮した足指、萎縮した足と手が認められるでしょう。

しかしこの場合、瞑想にふさわしい気分とはどういうものであるべきでしょうか。皆さん、「私は内的に温かい巣に寝ていたい。そうすればもっともっと温かい状態でいられるだろう」。――瞑想がこういう気分を持つことは許されないのです。「現実の中へ分け入って、現実を把握したい」という気分でなければなりません。

細事への畏敬、いえ、もっとも些細なことへの畏敬の気分でなければなりません。細事への関心を失ってはなりません。皆さんは土星紀、太陽紀、月紀と同じくらいに、耳たぶや切りとられた爪や髪の毛にも興味を持たなければなりません。(6)

(6)『神秘学概論』(高橋巖訳、ちくま学芸文庫、一九九八年)では、物質界の進化が意識の発達史として捉えられ、土星紀(もっとも暗く、もっとも拡がりをもったトランス意識)、太陽紀(植物的意識)、月紀(動物意識)、地球紀(人間意識)、さらには木星紀、金星紀、ヴルカン紀の七段階を論じている。

つきつめてみれば、人間の髪の中には他の一切万物が存在しているのです。禿頭になる人は実際に宇宙全体を失うのです。瞑想生活において必要なあの「克服」を心がけるだけで、外に見えるものを内に創造することができるのです。しかし何らかの虚栄心が残っている間は、この克服は決してできません。虚栄心は心の隅々から現われてきます。ですから皆さんが本当の教育者、特に治療教育者になろうとするのでしたら、細事への畏敬をもっともっと謙虚な態度で育成し、そこから出発して、さらに細事への畏敬をほかの青年運動の中にも生かすようにすることが大切なのです。

そのときはじめて一般の社会にも納得してもらえるような事柄を実現する可能性が生じます。そして私は、私たちの人智学運動内部の諸活動に見られる最大の誤謬が、このことの中にあると思っています。——いいですか。そのことはこの場合にもあてはまるのですよ。この少女について、私は三歳から四歳にかけて一種の異常が現われたに違いない、と申しました。皆さんは母親に尋ね、母親は皆さんのためにそれを確認しましたね。その後で皆さんはいったい何をなさいましたか。どうぞ正直におっしゃってください。母親がそれを皆さんに確認したとき、何をなさいましたか。

（沈黙）

完全に秘教的な態度で真剣に受けとめてください。皆さん三人は何をなさいましたか。

（沈黙）

もし皆さんが正しいことをなさったとしたら、皆さんは、こうおっしゃったでしょう。——「私たちはびっくりして、天井に穴が開くほど跳び上がりました」。——そうすれば今日も、この跳び上がったことの反応が、皆さんの口から語り出たというよりも、輝き出たことでしょう。

大事なのは、真実を体験したときの熱狂なのです。今必要なのはこのことです。数年来、人智学運動(7)の中で、私がひどくつらいと感じているのは、老人も若者も、しっかりと自分の足で立ち続けていることなのです。人びとがどんなに自分の足でじっかりと立っているかを考えてみましょう。いいですか。ニーチェは本質的にそうではありませんでした。たとえ彼がそのため病気になったとしてもです。彼はツァラトゥストラを踊り手として描きました。皆さんも踊り手になるべきなのです。ツァラトゥストラの意味においてです。

（7）一九二三年のクリスマスにスイスのドルナハにあるゲーテアヌムで開かれた「クリスマス会議」で「一般人智学協会」が設立され、シュタイナーがその代表理事となってから、芸術、科学、教育、農業、医学、その他の社会運動が精力的に展開され、今日にいたっている。

どうぞ真実を心の底から喜びながら生きてください。真実の体験以上に心をときめかせてくれるものはありません。このことは秘教にとって、顔を長くして〔もったいぶって〕歩き廻ることよりも、もっとはるかに重要で、本質的なのです。真の内的体験、これが一切の他の使命感にはるかに先んじていなければなりません。

三歳と四歳のあいだに少女はオカルト熱にかかりました。医学においてもオカルト熱（潜熱）と言うのです。これはかつての医学用語が残っている例のひとつです。熱が何によるのか医者にも分からないときに、その熱を「オカルト熱」と呼びます。このオカルト熱が生じたのです。三歳と四歳のあいだに特別の弱点がアストラル体に生じたので、肉体とエーテル体が反作用を起こし、強力に発達して、もはやアストラル体に従わなくなりました。ですからこの子の場合に特別大切なのは、三歳のアストラル体にいちじるしい萎縮と硬直が生じたことをあらかじめ知っておくことです。私たちはそれを正常に戻すために、正しく修正しなければなりません。それは教育を通して、生きいきとした興味を持たせることによって可能となります。さて、この子の学校生活はどうだったでしょうか。

（Sさん――「この少女は、私たちの施設にはおりませんでした。治療のために通ってくるだけでした。養護学校には十六歳までおりました。そこで読み書きを覚え、現在計算は千までできます。少女のその他のことは知りません。以上のように、ごく概略的なことしか申し上げられません。――タバコの灌腸が処方されました」。）

治療オイリュトミーも大切です。なぜでしょうか。それは子どものアストラル体の萎縮の結果、生体の上部に奇形化が生じやすくなっているからです。この子は非常に粗野な様子をしています。咀嚼《そしゃく》に関係のあるすべての器官が奇形化しているからです。この場合には、ここの臨床＝治療院で非常に念入りに試みられてきたニコチン液の反奇形化作用が好結果を生むでしょう。初めはゆっくり前進することです。初めは飲み薬として与え、その結果を注意深く観察します。そして咀嚼器官が生体の正常な活動の支配下に置かれるようになるかどうかを見る眼を持たなければなりません。

彼女の咀嚼器官はほとんど魂の働きの影響外にあります。それらの器官はただそこに存在しているだけです。ふさわしい希釈度のニコチン液を服用することによって、治療にあたることができます。私たちは小数第六位から第十五位までのところから始めることができます。効果が弱すぎるようでしたら、高希釈度のニコチン液を血液に注射し、血液循環を通して直接アストラル体に影響させるようにします。そうすれば、内服によっては得られないものを得ることができるでしょう。

さらに、アストラル体の作用力を自我組織の中にあまりに強力に作用させないようにすれば、たぶんいっそう良い結果を得るでしょう。その作用を自我組織の手前で止めるのです。頻繁にではなくても、週に一回くらい、少量の硫黄を混ぜた硫黄湯で入浴させるのも効果があります。

明日も別な症例を取り上げるつもりです。皆さんのところで特に研究されている先天性色素欠乏症（白子《アルビノ》）の興味ある症例を取り上げるのは、私にとっても満足のいくことです。私たちはそのような子どもを二人、治療しました。年上の方は十五歳で、妹はまだ幼い子でした。たぶんあなたは出生天宮図《ホロスコープ》を作ったと思いますが。

（ヴレーデ博士(8)に尋ね、彼女はシュタイナーにその天宮図を渡す。）

（8）ヴレーデ女史（一八七九―一九四三年）は天文学者で一般人智学協会理事。

こちらが姉の方で、こちらが妹のですね。天王星はどこに位置していますか。特別の星位を見つけましたか。

（ヴレーデ博士――「はい。その天王星と海王星が姉の場合は衝《しょう》になっています」。）

いいですか。この子どもたちは、どこにいても二つの目立った特徴を示しております。

とても明るい金髪と両眼の変形を伴う視力の弱化です。この二つの現象は原現象なのです。ごく表面的に見ても、先天性色素欠乏症の場合、鉄分の摂取ができにくい体質であることが分かります。そして逆に硫黄分は非常に容易に摂取できるのです。生体は鉄分に対して反抗します。特にからだの周辺に養分を供給する際に、からだが鉄分に反抗します。鉄分の供給は周辺へ導かれる前に止まってしまいます。一方硫黄分は周辺にまでゆきわたります。ですから髪の色を淡くし、髪の形成力を奪うような硫黄オーラが見えるのです。(9) そして胎児期に外から生体に加えられる、生体から比較的独立した眼球の形成過程の中に、独立した硫黄オーラが見られます。このオーラは、眼のエーテル体から眼のアストラル体まで働きかけ、それによってその力を発揮するのです。

(9) 生体内の硫黄の作用力の霊学的表現。

このような子どもの場合、眼球が眼窩から引き出されていること、エーテル体が無視され、眼のアストラル体の働きが特別強力に求められていることが分かります。

さて、ここで非常に重要な問いが生じます。人間は一面において、大地の力を通して形成されていますが、他面においては宇宙全体との関連の下に立っています。人間存在はこの二つの働きに依存しています。この二つの働きは個的＝カルマ的な過程の中でも、遺伝の流れの中でも、存在しています。そこで遺伝の流れについてですが、この二人の場合の遺伝の働きを見ると、父親にも母親にも色素欠乏症の症状は見出されません。まったく健常な人たちだったのです。けれども祖母のひとりが白子だったそうです。

（K博士――「それはこの子の母親の姉妹のひとりです」。）

叔母ですね。つまり家系の遺伝要因の中に、色素欠乏症の傾向がはっきり現われているのです。あなたは今日、ザーレ河地帯やイェーナ市でもそのような別の子どもたちがいる、と言いませんでしたか。

（K博士――「二人の子どもとおとなひとり、三十二歳の既婚の男性です。この三人の場合、家系に色素欠乏症が現われているのはひとりだけです」。）

いいですか。こういう症状はある意味では風土病的に地域と結びついているのです。土地が遺伝と鋭く交差しています。散発的に一定の事情の下に白子が或る地域に現われ、ほかでは現われません。ですから、どのようにして色素欠乏症が、或る特定の地域に現われるのかを考えなければなりません。

硫黄化が外にまで現われています。ですからオーラの中に、人体の周辺に、小さな硫黄梗塞が現われているのが見えます。そこで私たちは、どこに硫黄の含まれた土地があるかを調べました。そうしますと、ザーレ河渓谷一帯は黄鉄鉱を含んでいます。　硫黄が鉄と化合して存在しているのです。ですから美しい黄鉄鉱を産するこのザーレ河地帯における鉄と硫黄が、どのような在り方をしているかを研究することができます。美しく、肌理《きめ》細やかで、黄金色に輝く黄鉄鉱の方形がザーレ河地帯に現われています（図例19）。その地域の近くの土地には石膏が含まれています。ご承知のように、石膏は二〇パーセントの水分を含んだ硫酸石灰です。ですから石膏の中でも硫黄を調べることができます。

(10) 硫黄の生体内での作用力がふさがって通じないこと。

このことは大気中に働いているすべてにも光を投げかけています。しかし私たちはまず、大地の中で硫黄と鉄を吸収しているものをすべて調べなければなりません。鉄分を豊かに含んだ土地もあります。そこで――「大地と人間のあいだにどのような相互関係が作られるのか。大地は鉄を強力に引きつけるのに、人間はそうすることがほとんど、あるいはまったくできないのはどうしてなのか」という問いが生じます。

鉄分をはねつけて、硫黄を受け入れるのに適した人間にするためには、どんな星位がなければいけないのでしょうか。そのためには、宇宙に眼を向け、この子の――受胎時を調べることはできませんが――その出生時における天宮図を研究しなければなりません。このような先天性色素欠乏症の場合、特別の星位が現われているかどうか、めったに生じないような星位が現われていないかどうかを調べます。その場合、周期の短い遊星ではなく、土星や天王星のような長い周期の遊星の星位を調べなければなりません。ですからどういう問い方がここで必要になるか

19.

が分かると思います。まず正しい問いを提出し、それから問題に取り組まなければなりません。

さて、ここで小さな治療法に言及したいと思います。そしてこの時間に申し上げたことをこの場合にも適用しようと思います。そのことは明日お話しいたします。

今朝、私に言われたことによれば、皆さんはこの連続講義に含まれていること以外にも何かを望んでいるのですね。その理由は、講義内容があまりに「細事への畏敬」の方に、つまり皆さんが必要としている事柄の方に傾き過ぎているからだということですね。そうだとしたら、私はできるだけ皆さんの希望に添いたいのです。そのために私がゲーテアヌムの工事現場で働いている人たちのための講義で行なってきた新しい方法を、ここにも適用しようと思います。私は何を話したらいいか、とまず尋ね、それから講義をそれに沿って行なってきました。ですから話すべきテーマを受講者自身に出してもらうのです。そういう仕方でやってきましたので、工事現場の人びとは、自分たちの望んでいる内容の話が聞けないという非難ができなくなりました。

第十一講　治療教育の実際　その六（一九二四年七月六日）

　昨日取り上げなかった、なおいくつかの例をお話ししようと思います。昨日は十歳の少女がおりました。彼女は記憶力が減退しており、現在二年生のクラスにいます。鼻咽喉《びいんこう》に肉瘤《にくりゅう》がありますが、それは膀胱部位で強度にエーテル体が増殖していることと関係があります。この増殖の結果が頭部における症状となって現われたのです。この少女の障害の肉体的原因はここに求めることができます。彼女は十歳です。つまり私がいつも述べていますように、このような子をかかえる教育者にとって、特に注意すべき発達段階にあるのです。

　この年齢になるまでの症状のすべてについて、彼女はもちろん何も分かっていません。膀胱付近に炎症が生じますと、それに対応して、上部生体にも症状が生じます。この少女のエーテル体はアストラル体と正常に協力し合っていないので、肉体にも正常な仕方で関われなくなっています。魂の機能に異常があるとき、常に精妙な組織にその原因があるのですから、肉体だけを検査しても無駄なのです。その場合当然のことですが、下部組織よりも上部組織の異常を認めることの方が容易です。アストラル体に欠陥があるために、エーテル体が正常に機能していない子どもの場合、良い刺激を与えようとしても、それが肉体にまで作用しません。ですからその子に与えようとする印象はできるだけ強烈なものでなければなりません。考えてください。記憶力は健常者にあっては、肉体とエーテル体に依存しています。アストラル体と自我は、印象を記憶に留めません。夢は、アストラル体と自我の一部分が肉体とエーテル体に沈むときに、はじめて生じます。自我とアストラル体は、眠ってから目覚めるまでのことをすべて忘れています。記憶が残るのは、睡眠中ベッドに横たわっている部分においてなのです。そしてベッドに横たわっている部分が正常に機能していませんと、印象を記憶に取り込めません。ですから大切なのは、強烈な印象を与えて、上部組織が下部組織の中で、換言すれば自我とアストラル体がエーテル体と肉体の中で強い作用力を持てるようにすることです。

さて、少女の記憶力を単純な民謡のメロディーによって調べる試みはなさったでしょうか。

（K博士——「憶えるのは比較的容易でした」。）

それでは現在ある記憶力を基礎にして、さらに作業を進めてください。さらに小さな詩にも注意を向けるようにしてください。たとえば同じ三行の詩句を繰り返して、子どもにそのリズムを強く印象づけるようにします。そしてさらに子どもがリズムなしにも印象を持てるようになるまでにするのです。この試みが思春期にいたる三、四年間に成果を上げられるとはかぎりませんが、しかし思春期になるまでこの試みを続けます。リズムのある印象をまず与え、そこからさらにリズムのない印象にまでいたるようにするなら、教育上一定の成果を上げることができるでしょう。医療法はすでに決まりましたね。メギ(1)(*Berberis vulgaris*)一〇パーセント液の湿布と、L・M・S・U音による治療オイリュトミーです。

(1) メギは落葉小灌木で楕円形の紅色の液果を結ぶ。この果汁で下腹部に温湿布をする。

この治療法では、まずアストラル体の形成力と適応力のために、M音を用います。すでに述べたように、M音は生体全体を吐く息に変え、その中でアストラル組織とエーテル組織とが出会えるようにします。S音はアストラル体を強い生命活動に変えますが、しかしアストラル体をエーテル体化しようとするのではありません。また、アストラル体が自己を維持し続けるためにはU音が有効です。これらの音はこのようにして直接体験されます。私たちはそれらの音声の体験をここでも取り上げるのです。この少女がメギの湿布をするのは、炎症を緩和する必要があるからです。炎症にはこの湿布が有効なのです。

次に盗癖のある十六歳の少年がおりましたが、この少年は盗癖のある子の典型を示していました。彼は非常に良い参考例です。その症状は典型的なので、典型的な仕方で処置されねばなりません。つまり彼に提供される印象が何と結びつくことができるかに注意する必要があるのです。子どもたちは、受けてきた教育次第でずいぶん変わりうるのです。

この子はもともと落ち着きのない子ですが、ぼんやりしており、発達が遅れています。十六歳になるのに、話すことができません。特に七歳までに習得すべきだった部分が習得できていません。ですからこの子に何が欠けているかは容易に理解できます。彼は模倣原則に従った生活ができませんでした。模倣できなかったのです。換言すれば、自分の諸器官を自我とアストラル体によって働かせることができなかったのです。とてもかわいい子なのですが、肉体の求める安楽を克服することがきわめて困難なのです。この子の治療にまず必要なのは、音楽オイリュトミーです。これによって治療を先へ進めることができるでしょう。今申し上げているのは、基本的なことだけですが、正しい仕方で音楽オイリュトミーをやれば、この子のアストラル体は刺激を受け、そのリズムがエーテル体に浸透するようになるのです。

次にリズムを伴った詩句を先生のあとについて唱えさせ、本当に音の中に没入できるようにします。“Und es wallet und woget und brauset und zischt”（そして波立ち　そしてうねり　そしてざわめき　そしてささやく）――この詩句をふさわしい仕方でゆっくりと唱えます。始めから、終わりから唱えます。この場合、“siedet”（沸き立つ）ではなく“woget”と唱える方が治療目的にかなっています。いつでもゆっくりと、始めからも終わりからも唱えます。そして、できれば母音を強調しながらそれを行ないます。たとえばAを強調し、それからEとIを強調します。それからIEA、またふたたびAEI、それからまたIEAを強調します。子どもはこうすることを、面白がります。このようにして、子どもを次第に内的に目覚めさせるのです。これは模倣の原則によって繰り返されます。子どもの一人ひとりを別々にして、皆さんがなさることを模倣させなければなりません。一定の短い時間内で先生の唱えるとおりに繰り返させるのです。

さらにこの子の治療に大切なのは、離ればなれになろうとするもの、生体の働きを周辺に追いやるもの、遠心的に働くものを一緒に作用させることです。遠心的な働きを行なうのは下垂体の仕事なのですが、この子の場合は佝僂《くる》病の子の場合とは異なり、下垂体を子どもに使用するのではありません。佝僂病の子には生体の働きを離ればなれの方向に向けるために下垂体を使用しますが、それと反対の原理である求心的な働きをも用いるのです。つまり下垂体と一緒に、生体をその成分によって形成する働きを用いるのです。そしてそうできるのは、植物炭（Carbo vegetabilis）か動物炭（Carbo animalis）です。ですから植物炭と動物炭を交互に使用することが大切です。(2) そして同時にまた成長に働きかける脳下垂体の中の組織原理をも利用するのです。

(2) 植物炭としては主に白樺の炭を、動物炭としては動物の骨または血の炭を用いる。

さてこのような教育施設を創《はじ》めるに当たっては、当然のことですが、参加するすべての人がそこで行なわれている事柄をよく観察することがいちばん大切です。そして信頼に基づいて事柄を処理できなければなりません。考えてください。この子の場合、いちばん悪いことは子どもにあるのではありません――この子の場合には遠からず進歩が認められるはずです。いちばん悪いのは、急速に奇蹟が起こると期待している両親であり、母親です。この子の母親は、子どもと一緒にいようとしている、とさえ聞きました。

(場内からの声――「母親は子どもを送りとどけに来るだけです」。)

母親が教育の現場に立ち会わないのでしたら、ありがたいことです。しかしいずれにしても、このような場合、必要なことをよく知らずにいる、知ることのできずにいる親たちにとっては当然なことなのですが、ときには恐ろしいほどまでに無理解な両親の要求に対して、忍耐強く自分の立場を守り続けなければなりません。

さて、AEI―IEAのような仕方で、子どもを交互に別の状態に置くことが大切です。比較的短い間隔をおいて、温浴と水浴の交互浴をさせることでも、同じ効果が期待できます。それによって、生きいきしているべきものを生きいきさせることができるのです。障害が怠惰な状態となって現われているときには、この交互浴が良い効果を上げるでしょう。ただあまり無理をしてはいけません。こういう温冷浴療法を始めたあとで、子どもが興奮したとしても、不安を持ってはいけません。それは一時的なものです。反応が起こっても、やがて常態に復します。

さてここで別の少年のことに話を移したいと思います。この少年はすべてをバラ色に見ています。金銭を一銭も所持していない少年です。この子のことはよく知っていますが、彼のいちばん根本的な症状は、外界に関わりを持てずに、自分の中に閉じこもっていることです。この症状については、具体的に説明しなければなりません。外界へ出ていけない自我組織は、絶えず内部から来るアストラル体とぶつかります。そして内的な不器用さ、もっと正確に言えば、内的ないいかげんさを生じさせています。そしてこれと密接な関係を持っていることなのですが、自我組織とアストラル体とのこのぶつかり合いに際して、繊細な感受性を発達させます。そしてその結果、繊細な人間の特徴を示しています。

このことは色彩を見るときの態度にも現われております。この子は目覚めた状態で自分のアストラル体に関わることができるので、色彩をヴィジョンとして見るのです。このような子を教育するには、彼の内部で次第に育ちつつある理想へのかすかなあこがれを観察できなければなりません。しかし、それにもかかわらず、そこには周囲と折り合いがつけられないための不安と逃避も現われています。そういう場合に必要なのは、自然な信頼を彼に対して持つことです。ヴァルドルフの学校の教授法に従って教育すれば、そのように教育できます。この少年に対しては、そもそもそれ以外の対し方はありません。この少年はここに書いたような筆跡（図例20）

を持っています。この少年が美しく整えられた筆跡を現在の筆跡から発達させていけるように、注意深く見守る必要があります。そうすれば彼の内面の在り方が変化していくでしょう。自慢したり、威張ったりしたら、ただちに彼との信頼関係をもとにして、その態度の矛盾を指摘してあげてください。

さて昨日は先天性色素欠乏症の例を取り上げ、そしてそこに働く宇宙からの影響についても語りました。――さて、ここに天文学の専門家がいらっしゃるので、色素欠乏症患者たちに共通の特徴が出生天宮図《ホロスコープ》の中に認められるかどうか、聞いてみたいと思います。

(ヴレーデ女史に――「遊星の中で特に天王星と海王星は強い星位を示しているでしょうか」。)

(ヴレーデ女史――「はい。多くの特徴が見られますが、出生天宮図については何も存じません」。)

私があなたにわざわざこういうことをお尋ねするのは、あなたが出生天宮図に関していろいろと考えていらっしゃるからです。まず二つのことに答えていただきたいのです。これは新しい分野ですから、この問題では自分で発見していくことがいちばんいいのです。考察すべき事柄はいろいろありますが、次の点をまず考えなければなりません。

エーテル体の原理に従って人間全体の構成に眼を向けますと、人間は肉体、エーテル体、感覚体と感覚魂、悟性魂(古代ギリシア人のいう力動魂)、意識魂、さらには霊我、生命霊、霊人にいたります(3)。さて、私たちが人間本性のこれらの諸部分を見ますと、それらが相互に比較的独立した状態で人間を構成していることが分かります。しかしその構成の仕方は、一人ひとり皆違っています。ある人はエーテル体の方に力が集まっていますが、その代わり肉体の力はやや弱いのです。別の人は意識魂の方に力が集まっています。互いに関連し合ったこれらすべての中で、人間本来の個性が働くのですが、個性は輪廻転生《りんねてんしよう》を貫いて存在し、そして人間構成体の相互関連のすべてを、自由の原則によって、個性的な仕方で統御するのです。

（3）シュタイナーは人間の魂を外的環境を知覚する感覚魂、自己同一性を確認する悟性魂、より良い方向を求める意識魂に分けて、その相互関係の中で理解している。その魂がアストラル体に働きかけて霊我を、エーテル体に働きかけて生命霊を、肉体に働きかけて霊人を創造したとき、人間はその進化の過程を完成させる、と考えている。

一方、宇宙から働きかけてくるもの、たとえばもっとも強力な太陽の働きは、肉体に対して働きます（228頁の図例）。もっとも強力な月の働きはエーテル体に対して働きます。もっとも強力な水星の働きは感覚体に対し、もっとも強力な金星の働きは感覚魂に対します。もっとも強力な火星の働きは悟性魂に、木星の働きは意識魂に、土星は霊我に対します。そして今日の人間の場合、まだ育成されていないものに対しては、天王星と海王星が働いています。この二つはあとから太陽系に加わってきた遊星で、正常の状況では出生時にそれほど大きな影響を与えません。

さて皆さんは人智学の講演を通して、月の影響がどれほど強く人間のエーテル体に働い

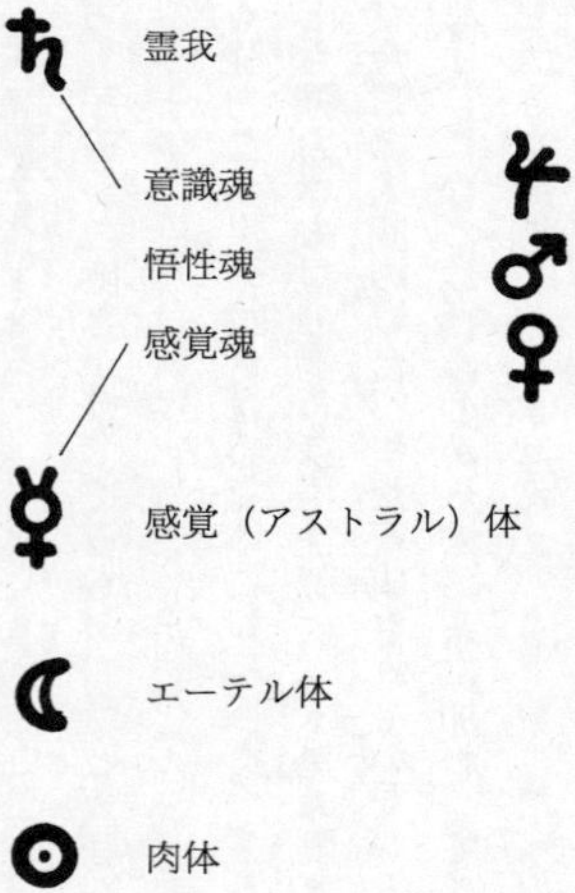

霊人	海王星
生命霊	天王星
霊我	土星
意識魂	木星
悟性魂	火星
感覚魂	金星
感覚体	水星
エーテル体	月
肉体	太陽

ているかを知っていらっしゃいます。月は遺伝のすべてにも関与しています。月は肉体モデルに両親からのあらゆる遺伝の力を刻印づけます。この月の影響は胎児期のはじめから子どもの発育の全体を規定しています。

さて次のような星位を考えてください。月の作用が最大限に、または少なくとも十分な強さで遺伝に働きかけて、代謝系の機能に影響を及ぼす場合です。別の場合には、月の影

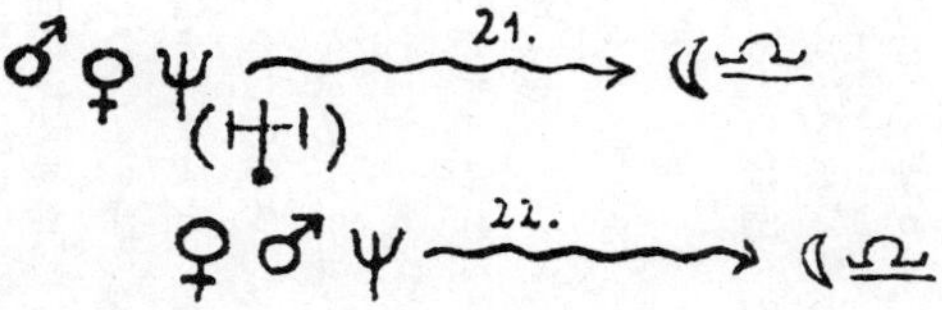

響を欲しない天王星と海王星とが月の作用力を自分の中に取り込みます。その他いろいろの星位が考えられます。しかしこの子どもたちの場合には、今述べました星位なのです。その出生天宮図を見れば、どこに問題があるか分かります。

一例を挙げますと――皆さんがご覧になればすぐに分かることですが――、天王星は金星、火星と共にこの宮に位置しています。この場合、この三つの星以外のところまで考える必要はありません。この部分に火星と金星と天王星が見出せます。火星は、一九〇九年に生まれた子の場合、月と完全な衝《しょう》をなしています。金星と天王星の近くに位置する火星が月と激しく対立しているのです。これが月で、これが火星です。火星はそばに天王星と金星を伴っています(図例21、22)。

そこで次の点に注意していただきたいのです。月は天秤宮にあります。したがって黄道十二宮からの働きをもっともわずかしか受けず、動揺し、及び腰になっています。しかもルツィフェルの影響を抱え込んでいる火星が対立した位置にあることによって、いっそうその影響力が弱められています。

さて、年少の子の出生天宮図を見ますと、金星と天王星と火星がここでも同じ宮に、互いに接近して位置しております。天空のこの範囲内で、こんなに互いに接近しています。前の子の場合は、この三つの星は月と衝《しょう》の関係にあり、一方、月は天秤宮に位置していました。この子の場合にも、火星と金星と天王星はまったく同じように接近しています。火星を見ますと、月に対して完全にではありませんが、ほとんど衝の位置にあります。ですからこの年少の子は、月に対して完全には対立していませんが、月に対しておおよその対立を示しています。ところが非常に特徴的なことには、月を見ますと、月が同じく天秤宮にあって、天王星と金星を伴う火星とほとんど衝の位置にあるのです。ここでも天秤宮なのです。これはめったにないことです。ここには決して正常とは言えない出生時が示されています。ここでも天秤宮に月が位置し、ここでもそうなのです。

(ヴレーデ女史――「注目すべきことには、月と海王星も、この二人の場合には同じ位置関係にあります」。)

その点は個々の場合に応じて解釈されねばなりません。一般に出生天宮図は個別に読み解かれねばなりません。このような類似は驚くべきことではありません。この二人は姉と妹なのですから。年長の子の方が年少の子の場合よりも、対立がもっと強いことも驚くべきことではありません。妹は姉の影響も受けているのですから。しかしこの場合、この星位を見通すことのできるように解釈することが大切です。星位が示しているのは、「鉄」

の担い手である火星が月という「生殖原則」から自由になっていること、そして、金星原則によって与えられる「愛」に関わるすべても「生殖原則」から離れており、遺伝や成長と関連づけられていないことです。それゆえ下腹部に働いて、成長力と関連しているものを頭部組織の方へ押しやるのです。その結果、成長活動の中に鉄分が欠けてしまい、その代わりに鉄を排除する働きを持つ硫黄分が過剰に存在することになります。

したがって意志の力が極端に強まりますので、教育者は子どもの不安定な神経＝感覚系をできるだけ注意深く扱う必要があります。しかしこのことは別に難しいことではありません。このような子の神経＝感覚系を注意深く扱うには、眼に読むことを強制せず、授業を読むことなしに行なうのです。むしろ微妙に変化する色彩印象に慣れさせます。特に虹の色が互いにゆっくりと移行しているさまを子どもが眼で追うことができるようにします。以上はすぐに利用できるような教育の基準になると思います。

身体組織の治療は、思春期以後になると、もはやそれほど効果的ではなくなります。この点は皆さんが自分で観察してください。一方の子は一九〇九年、もうひとりは一九二一年の生まれですから、治療効果の相違をよく観察できます。大切なのはこのような子の代謝＝肢体系に強力な鉄分の働きを導入することです。そうするためには、もっぱら次のやり方が必要です。まず黄鉄鉱の粉末を何かの表面にできるだけ延ばして塗り、表面に鉄分の働きが留まれるようにします。たとえばガラスの表面ならいいのですが、この場合にはガラスは使えませんから、脂肪を含んだ紙を使ってください。いちばんいいのは薄い羊皮紙です。皮膚に密着できるくらいに薄くなければなりません。通常のリンネルや再生紙ではあまり効果がありません。紙面にモミの木の樹脂のようなものを塗り、その上に黄鉄鉱粉を染み込ませ、それによって鉄分が体内へ作用できるようにします。これを両脚と両肩に貼り、さらに西洋ワサビのような吸収性の強い湿布を額にします。これを特に歯の生え変わる七歳頃の子に行ないますと、この時期の体内にはまったく強力な正反二つの流れが流れていますので、このような子の不安定な体質を改善できるのです。

以上が必要な処置です。しかしもちろん、もっと先まで問題を追求していかなければなりません。なぜなら今日まで、先天性色素欠乏症の患者は、観察の対象にされるだけだったのですから。患者は、「私は少し太っていて、髪が白く、昼よりも夜の方がよく見えます」、と言うことしかできなかったのです。——先天性色素欠乏症の患者が医者のところに連れていかれても、医者はどうしたらいいのか分かりません。現代医学はこういう問題にあまり関わろうとしないからです。しかしここで取り上げたような、身体の組織の諸部分相互の関係の中にはっきり現われている不規則性には、宇宙からの影響が強いのです。

さて、どうぞ疑問の点をご質問ください。

（質問——「私たちが質問をすることになったのは、L博士がわざわざヴェークマン女史のところへ行って、別の機会に質問しようとされたからです。L博士はここでの参加者の雰囲気を正しくないと感じたのです」。）

しかしそのようなことに時間を費やすのは、まったく不必要です。それは、わざわざ検討するには、あまりにも単純な問題です。Ｌ博士は私のところへ来て、ラウエンシュタインから来た参加者たちこそが人智学運動の中のもっとも第一義的な事柄を取り上げようとしている、今始まったこの使命とそれを行なおうとする人たちのカルマ的関連を考えなければならない……

（Ｌは頭を振って、そんなことは思っていない、と否定する。）

では、私たちは主要な価値を次の点に置きましょう。Ｌ氏はこう語りました。「あなたの意見では、何かまったく基礎的なことが始まらなければならないのですね」。それに対して私の言ったことは、本当に大切なのはこの講義で取り上げた事柄を本当に学ぼうとすることだ、ということでした。もしこの講習会が不満で、抽象的な何か、たとえばまったく新しい運動を組織する、というような問題に留まりたいのでしたら、私たちがすでにずっと以前から行なってきたことの延長上の何かをやることになります。その場合、誇大妄想の危険にさらされるでしょう。しかし、それによって部分的には正しい地下の衝動が表に現われるように、「質問してください」と私は言ったのです。――問題は次の点にあります。Ｌ氏が私のところへ来て、この根本的に新しい事柄は、世界中に拡まらなければならない、と語りました。ラウエンシュタインそのものが世界の中心に立たなければならない。すべてはそのためのきっかけとなってきた。そういうことではないのですか。ああ、それほどひどいわけではないのですね。それでは、今いちばんいいのは、具体的な質問を私たちが出すことです。ほかのことを考える必要はまったくありません。

（Sは、ラウエンシュタイン施設はトリューパー(4)が障害児の教育を創始した事実とどのような関連をもっているか、と質問する。）

（4）ヨハネス・トリューパー（一八五五―一九二一年）はイェーナの教育家。長年、青年寮「ゾフィーエンヘーエ」の指導にあたった。

その人物がこのような子どもたちの問題と、最初に取り組んだと言われるのですか。そのような言い方は極端に走りすぎています。障害児教育では、すでにかなり以前から一定の成功を収めてきたハノーファーの障害児教育施設がありますが、そこでの教育がこの人物の影響を受けているとは思えません。障害児教育の実践ははるか昔に遡るのです。これまで常に欠けていたのは、このような子どもの本性への深い洞察を可能にする立場なのです。皆さん、人智学的に考察しなければ、いちばんの根本問題にまで辿りつけないのです。そういう中で今、まさに人間が人智学そのものをもっとも深く洞察する機会を提供しているのです。

皆さん、ゲーテのメタモルフォーゼ（形態変化）の理論を考察するとき、あれほどすぐれた人物だったゲーテによって、この理論がどのようになりえたかを考えてください。それはひとつの完全な抽象物となったのです。それはいたるところに未来の可能性を秘めていますが、いたるところで萌芽のままであり続けざるをえなかったのです。なぜなら、葉が花の中で生きていることや花弁が変化して雄蕊になることなど、つまりまったく初歩的な形態変化だけを問題にしているからです。動物や人間の場合には、脊椎骨が頭骨にまで変化した、ということをただ慎重な態度で述べるに留まっています。どの分野でも初歩的なところから一歩も先へ進めなかったのです。

私はその事実に大変驚きました。そして次のように考えました。――「脳のすべては唯一つの脳神経節が変化してできたということを、いったいゲーテは理解していたのだろうか」。一八八〇年代の私はこの問題を考えあぐねておりました。彼がこのことを理解していたということを、私は霊視することができました。ですからゲーテが自分の理解したことを自制して、あえて口に出そうとしなかったのだ、ということが分かりました。私がヴァイマルへ来たとき、鉛筆で書き込まれた小さなノートの中に、「脳は形を変えた主要神経節である」という覚え書きを見つけました。――この一文は九〇年代になって、私の努力で印刷され、出版されました。九〇年代には、突然に、まったく新しい著述家としてのゲーテが紹介され、ゲーテはいわば十九世紀におけるもっとも大きな成果を上げた著述家のひとりとなったのです。

皆さん、どうぞ考えてください。数日前に巨大な胎児としてここで紹介された子どもが

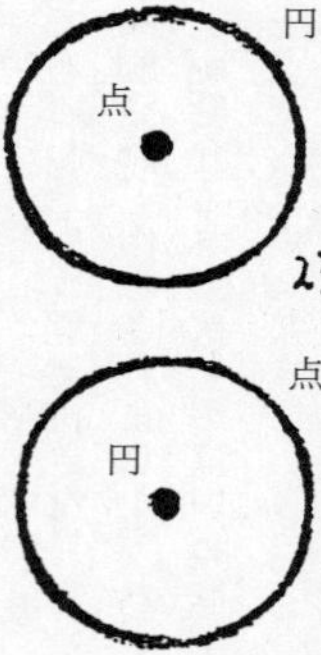

おりましたね。正常な一歳児の形態がそのように変化したのです。これもひとつの形態変化である、と考えることができますが、ゲーテの形態変化論から、この形態変化論にいたるまで、どんなに遠い道のりを辿ったことでしょう。あの子の形態は遅滞して、胎児の状態に引き止められているのです。

皆さん、私が皆さんに昨日与えた「瞑想」を繰り返して行なうならば、形態変化に対する洞察力を皆さん自身が持てるようになります。「ここに円があり、ここに点がある。そこでの円は点であり、そこでの点は円である」(図例23)。――どうぞ繰り返してこの「瞑想」の中で、点を円の中へ入り込ませ、その点を円にまで拡大させてください。そして同時に、肢体＝代謝系が頭部系から成立するのを感じ取ってください。「点は点であり、円は円である」と語るとき、そこに頭を感じ取ってください。「点は円であり、円は点である」と語るときには、頭から代謝系にすべり下りた自分を感じ取ってください。そうすれば皆さんは、完成された形態変化論をその瞑想の中で獲得できるでしょう。「人智学が生み出すこの思考方法によってこそ、子どもたちの障害の本質がはじめて洞察できるようになる」ことを、私はこの連続講義の中で表現しようと試みたのです。

さて、治療教育の仕事をするとき、カルマを次のように考えるのはいいことではありません。そこに天使が働いて、Sを現在の状況に置いた。別の天使がPを、さらに別の天使がLをそのようにしてこの地上にもたらした。さらにまた、やや御し難いK女史を別の天使がこの世に送り、特別に心の優しい天使がなおまたB嬢をこの世に送った。私たちは五天使によってこのような出会いがもてた。

仕事をしようとするときには、このようなカルマの見方をするのは正しくありません。正しい見方は、未来へ向かって働くカルマを求める熱意から生じるのです。その場合は次のような問いを立てることができます。イェーナにはわれわれが結びつくことのできるような、どんな状況があったのだろうか。――実際、家具付きの家に移り住んだとき、私たちはその家具をすべて外へ放り出したりはしません。可能なら――この場合には可能だと思います――次のように考えるでしょう。「すでにそこにある家具をどのように利用することができるだろうか」。「すでにあるものを、どのように利用できるのか」。このように問うことが皆さんにとっては大切なのです。

さて、皆さんもご存知のように、イェーナには注目すべき状況が存在しています。現在の青年運動とまったくよく似た、青春の特質である宗教的＝霊的な衝動に駆られて――または霊的なものを理解する方法を求めて――、かつて、ドイツ系の修道院長ヒルデブラン

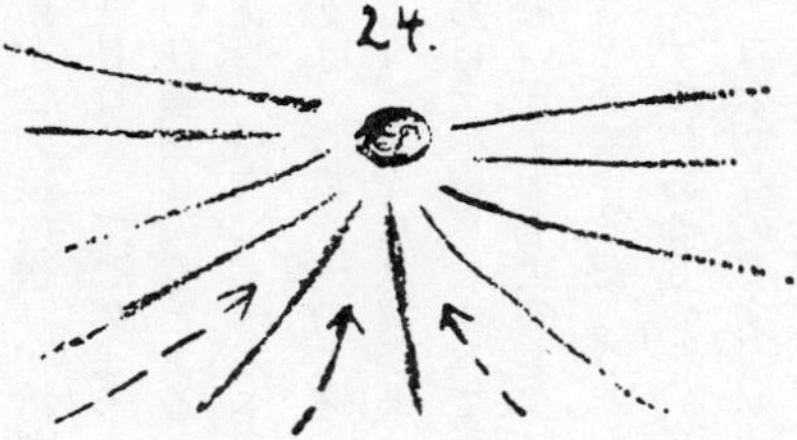

トがローマに赴きました。そして教皇グレゴリウス七世(5)になりました。この人物はローマから強い影響力をドイツへ向けて、自分の故国へ向けて及ぼしました。私たちはローマからヨーロッパへ流れる強力なローマ衝動を、ローマ的なものに置き換えられたクリュニー派の衝動として、持っています。このことを一度研究してみてください。

(5) グレゴリウス七世(在位一〇七三—八五年)。クリュニー修道院の改革運動の影響を受け、教会の腐敗粛正に尽力した。ハインリヒ四世とのあいだで叙任権闘争を行ない、皇帝を破門した(カノッサの屈辱)。

注目すべきことには、この同じ人物が次の転生期にイェーナの土地に受肉し、エルンスト・ヘッケルとなって活躍したのです。このことは、ひとりの人間の中で、解体原則が健全な仕方で形成原則に働きかけているようなものです。つまりこのイェーナの土地では、はっきりとローマ的潮流に対抗する流れが生じているのです。両者の合流地点はここにあります(図例24)。

エルンスト・ヘッケルが六十歳の誕生日に動物学研究所で記念講演を行なったときには、昔のヒルデブラントが眼前に立ち現われたかのような印象を聴衆に与えました。ヘッケルはヒルデブラントとまったく同じような話し方で語りました。すなわち低くこもった声で、一言ひとこと、ことばを選びながら語ったのです。その語り方は、話す機会が多いにもかかわらず、いつまでも話すことに自信のない人のようです。そして奇妙なことには、修道院長ヒルデブラントは教会の代表者として、厳格な教皇の顔をいつも保ち続けていたのですが、その一方で彼はかたわらの人たちが思わず明るい笑い声を発したくなるような話をするのが好きでした。そしてヘッケルもまた食卓で、これまでの人生で出会った滑稽な出来事をよく話してくれましたが、それを聴くのはとてもすてきなことでした。彼を取り巻く雰囲気は、食卓で、料理が運ばれてくる合間に、人びとの口を軽くしたり、思わず笑い声を立てさせたりしたのです。当時の彼は六十歳だったのに、子どもっぽく笑い、周囲の皆を挑発して夢中にさせてしまうのでした。私は今でもよく憶えていますが、オスカー・ヘルトヴィヒ(6)が出産まぎわの妊婦のように、スピーチを抱え込みながら、なかなかそれを出産できずにもじもじしているのに、そのそばではヘッケルがおどけた話をし続け、その対比が実におかしかったのです。

私が秘教的基礎づけのために述べたことをもっと具体的に知ろうとするのでしたら、へ

(6) オスカー・ヘルトヴィヒ(一八四九―一九二二年)。解剖学者。

ッケルが六十歳の誕生日にイェーナの動物学研究所で行なった講演内容を入手なされればよいと思います。この講演は長文ではありませんが、個人的な調子で語られていると同時に、非常に客観的な性格を持っています。ゲルトナー教授[7]の行なった講演をこれと比べてください。ゲルトナーはヘッケルが世界史的な人物であることを認めようとしていません。彼ははっきり、ヘッケルの業績をわれわれが無視できる程度のものだと述べています。そして『自然創世記』の著者としてのヘッケルを取り上げずに、次のように述べているのです。——「この点は私たちが無視してもかまわない。しかし同僚であるヘッケルがどれほど多くの講演をしたかを私は強調したい。彼は、びっくりするかもしれないが、ほかのすべての人の講演を集めたよりももっと多くの講演を行なった。ほかの同僚たちはわずかしか講演をしていない。ヘッケルが行なった講演回数は学会全体のそれを合計したものをも上回る」。——ゲルトナーは俗物根性の持ち主です。この男が割り込んできて、こうした講演を行なうのを耳にすると、心の奥底からばかばかしさがこみ上げてきます。ヘッケルの話を聴くときには、新鮮な印象を受けます。ところがそこへ断頭台が運び込まれ、そして同僚のゲルトナーがやって来て、首をはねるのです。

(7) アウグスト・ゲルトナー(一八四八—一九三四年)。衛生学の大家。イェーナ大学教授。

カトリック聖職者だったこの生物学者ゲルトナーの態度は、憂鬱そのものです。なぜなら、いろいろな世界観の持ち主が参加していたのですから。しかしその中でヘッケルは若者のように生きいきしていました。この日の学生たちの心もまた生きいきとしていました。そこには非常に大勢の学生たちがいました。そして彼らはびっくりするほど想像力に富んでいました。この日に歌われた歌をすべて収めた小冊子がありますから、一度ご覧になってください。その中におかしな仕方で、始祖鳥が教会の塔の尖頂にとまってくちばしを研いでいるところが歌われています。——その場合、ヘッケルの若々しい生活ぶりを心に思い描いてください。このイメージもまた、瞑想するのにふさわしいと思います。その瞑想の中でヨーロッパ精神史におけるイェーナの位置がよく分かると思います。——さて、私たちの問題にひとつの決着をつけるために、明日は九時から最後の講義を行ないます。

第十二講　まとめの話（一九二四年七月七日）

今日は皆さんの方からいろいろと問題を出していただき、そのあとで最後にこの講義全体のまとめを行なおうと思いますので、まず皆さんの心にまだ燃え続けている要求を話してください。

（S氏――「私たちにはこれ以上お尋ねしたいことはありません」。）

私たちはいわゆる障害を持った子どものための教育の方法を取り上げ、それを通してヴァルドルフ学校教育を深化させる話し合いを続けてきました。これまで述べてきたところから、治療を必要とする障害を持った子どもたちは、いわゆる健常な子どもたちとは別様に教育されねばならない、ということが分かったと思います。

けれども一般に今日の教育は、障害を指摘するだけで、その障害の根底に何があるのか、ということにまで考えを及ぼそうとはしませんから、私たちは教育の上でも、一般社会の見方とは異なる考察方法を身につけなければなりません。今日の教育者は、ゲーテが植物の生長を観察したときの基本的なやり方を身につけるところにまで至っていません。ゲーテは植物の奇形を観察することに特別な喜びを感じておりました。ゲーテの書いたものの中で、特に興味をそそられるのは、植物の奇形を論じた文章です。植物の或る器官は、ときにはいつものいわば正常な形態からはずれて、巨大になり過ぎたり、別の器官のところに現われたりします。ゲーテは植物がそのような異常を現わすとき、そこに「原植物の理念」を見つけ出す最上の手がかりを見ています。なぜなら植物形態の背後に潜んでいる「理念」が、その奇形を通して、はっきりと姿を現わすことを、彼は知っていたからです。ですから植物を観察して、根や葉、茎、花弁、または果実に異常が生じうるとき――もちろんいろいろな植物の場合を比較観察しなければなりませんが――、その異常な在り方を通して、原植物を観てとろうとするのです。

そしてすべての生きものの場合にも、したがって霊的な生きものである人間の場合にも、基本的には同じことが言えるのです。人体に潜んでいる異常性は、人間本来の霊性を外に開示してくれるのです。

私たちはそのことをますます理解できるようになりましたが、そのように見ますと、昔の人びとが教育と治療を同じように考えた理由が分かってきます。昔の人びとにとって、善き治療とは、アーリマン的かルツィフェル的か、その一方に傾いて形成されたものを、善き霊の働きを通して、アーリマン的とルツィフェル的との中間に近づけることでした。アーリマン的なものとルツィフェル的なものの均衡を保つことが治療だったのです。そして教育を通しても、人間は一生のあいだ、同じ均衡をとるように促されました。

昔の人はどんな子どもの中にも病的と言える障害がある、と考えていました。その障害は治療を必要とするものでしたから、治療と教育とは古代のことばにおいては、同じ意味を持っていました。教育はいわゆる健常者のための治療なのであり、治療はいわゆる障害のある人のためのその特殊ケースであるにすぎません。

さて、この基本事実を直視するとき、私たちはこの方向に沿って、もっと考察を進めなければなりません。そもそも内因性の病気は、すべて霊的なものに関係がありますが、しかし結局はどんな病気も、内部の異常性が外に現われたものなのです。骨折でさえも、内なるものの外的な反応なのです。外科医はこういう観点をもっと真剣に受けとめる必要があるのではないでしょうか。

こういう事柄を真剣に受けとめる人は、切実な仕方で、「子どもを治療するとき、こころとからだのすべてをどう扱ったらいいのか」と問わないわけにはいかなくなります。子どものこころとからだは互いに深く結びついていますから、子どもに薬を与えるとき、それが子どもの身体だけに作用する——一般の考え方はそうですが——と思ってはいけません。どんな薬物もおとなの場合とは比較にならぬくらい、こころに本質的な作用を及ぼします。母乳の働きは、古代人の言い方に従えば、「善きミイラ」の働きです。体内から排出されるものには「善きミイラ」と「悪しきミイラ」がある、というのです。実際、母親の本性は残りなく母乳の中に生きています。母乳はその母性の力が体内で活動場所を変えただけなのです。その力は子どもが生まれるまでは、主として代謝＝肢体系の中で働いていましたが、誕生後は主として呼吸律動系の中で働くようになり、そして母乳を生じさせるのです。つまり母乳の力は体内で一段と高次のものに変わった母性の力なのです。

母性の力は体内で一段と高次の働きになることによって、妊娠中に働いていたときの自我内容を失います。しかしアストラル体の力はまだ保持しています。母乳の力が体内でさらに一段と高次なものになり、頭部で働くようになりますと、アストラル体の力をも失い、肉体とエーテル体の働きだけになりますが、そうすると、母親への悪い影響が現われてきます。母乳の力は高い段階にいたると、有害な影響を生じさせ、母親の中にいろいろと異常な症状が現われるのです。

そのように、母乳には霊的な働きであるアストラル体の力が働いていますから、離乳によって、私たちがどのくらい大きな責任を引き受けることになるか、よく考えなければなりません。どんな食物の中にも霊的な力が働いている、ということを今日の人は意識していません。植物は、その根から茎や葉が生じ、さらにそこから花や実が生じるようになると、ますます霊的になり、ますます霊的に作用します。植物の根は霊的な働きをもっともわずかしか含んでいません。根は環境全体に対して強い物質的、エーテル的な関係を持っています。しかし花の部分からは、あこがれのように、アストラル界へ延びていこうとする植物のいとなみが現われています。上へ延びていくとき、植物は霊化の過程を辿っているのです。

それでは宇宙との関連において、植物の根はどうなのでしょうか。根の宇宙的関連は大地に根を張ることなのです。皆さん、私たち人間がその頭を上方の大気と光へ向けて延ばしているように、植物は根を大地の中へ延ばしているのです。そして植物はその根で人間の頭と同じように知覚活動をいとなみ、そして上の方で養分を摂取し、消化活動を行なっているのです(図例25)。

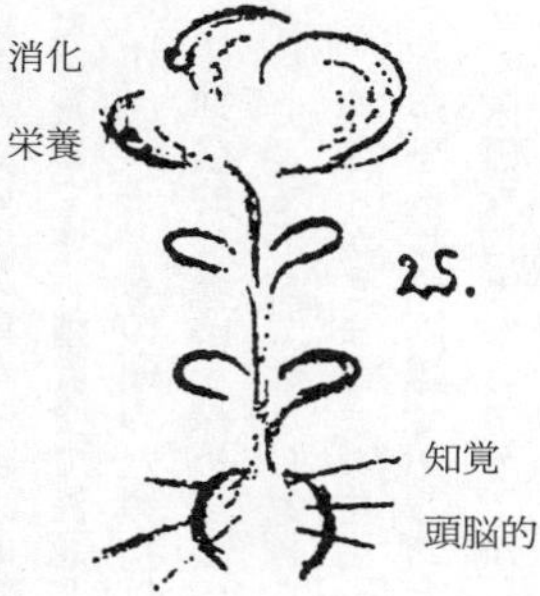

植物の代謝＝肢体系は上部にあって、人間の代謝＝肢体系と類似した霊的内容を含んでいます。オカルト的な眼で、一方では母乳を見、他方では植物の上方に拡がっているアストラル体を見ますと、母乳を通して母親から流れてくるアストラル体と、宇宙から植物の花の方へ流れてくるアストラル体とのあいだに、完全に同一ではなくても、非常に大きな類似が観取できるのです。

このようなことを申し上げるのは、人間の行動とその環境についての単なる理論的知識ではなく、それについての正しい感情を持っていただきたいためです。離乳食で注意しなければいけないのは、子どもの代謝系のために植物の実や花を、子どもの頭のためには根菜を与えるということです。こうした事柄については、まず理論的に理解を深め、その上で実際に活用できなければなりません。しかも霊的な観点に立って活用できなければなりません。

さて、皆さんがさまざまな生活分野で得た経験をもとに人間の本質を洞察しようとしても、それが恐ろしく困難であることに気がつくと思います。本質的なものに眼を向けるのはとても困難なことなのです。現代では本質的なものに眼を向ける機会はめったにありません。すでに十九世紀の前半期になると、本質的なものへの洞察が失われてしまいましたが、現在ただ用語として残っているだけの或る考え方はまだ存在していました。それは次のような考え方です。

人間社会には実にさまざまな病気がありますが、現代はその病気のすべてに名前をつけて、一種の病気地図を作成することができます。たとえばその地図の一方に神経系の病気を、反対側に死をもたらす病気をまとめて記入できるでしょう。そして、或る子どもの病気への傾きをその地図の中に位置づけます。そのような地図をパラフィン紙に記入し、そこにその子の名前を書き添えることができます。

十九世紀前半期においては、そのように病名を記入するとき、まだ動物の名前を書き添えていました。当時は、動物によってあらゆる種類の病気を表現することができる、と思われていたのです。

実際、どの動物も、正しく見れば、病気を意味しています。動物にとって病気であることは、いわば健康なことなのです。動物が人間の中に入り込んで、器官の代行をするようになると、その動物器官の働きが人間を病気にするのです。十九世紀前半期にこのような考え方を持ったのは、迷信深い人だけでなく、たとえばヘーゲルもそのような考え方を持っていました。それは当時の人にはまったく納得のできる考え方でした。

考えてください。誰かがライオンに似ている、鷲に似ている、牛に似ているなどと言えば、その人の性質がよく分かりますね。ある人はあまりに霊的な方向へ行ってしまい、地に足がついていません。また別の人はあまりに柔軟なエーテル体を持ち、エーテル体と肉体とをぴったりと一致させています。そのような人の中には下等動物にのみ見られるような組織さえ暗示されているのです。このことは皆さんもまた身につけておかなければならない基本的な見方です。教育者である皆さんは次のことを自己教育のために行なわなければなりません。

皆さんはそれを特定の瞑想を通して行なうことができます。教育者のために特に力になる瞑想については、すでに申し上げました。皆さんがこころを集中して、そのような瞑想を行じるとき、「身体の不在」(absentia corporis) とでも呼べるような形で、アストラルの波に浸って先方へ進んでいくかのような感じを持つことができるようになります。そして皆さんは、自分の問いに答えてくれる存在者たちが自分の周囲を取り巻いているように感じます。このような感じを体験するには、たとえば『いかにして超感覚的世界の認識を獲得するか』〔高橋巖訳、ちくま学芸文庫、二〇〇一年〕の中で、瞑想上の進歩の前提条件として述べられている事柄をも、理論的に知るだけでなく、しっかりと実行しなければなりません。

いいですか。あの書の中には、自己中心的な態度で存在している人間の自我は瞑想の障害になる、と述べてあります。自己中心的な態度とは、そもそもどういうことなのか、どうぞ考えてください。私たちの肉体は土星紀に由来し、四度の壮大な進化過程を経過する中で、芸術的とも言えるような仕方で育成されてきました。私たちのエーテル体は三度にわたり、これも芸術的と言えるような仕方で改造されてきました。私たちのアストラル体は二度改造されました。これらの経過は地上の人間意識によっては把握できません。自我だけは地上の意識によって把握できます。とはいえ、そのような自我も、本来の自我の単なる外形にすぎません。なぜなら本当の自我は、前世を回顧することによってのみ見えてくるのですから。現在の自我は生成しつつある自我であり、来世になってはじめて現実に存在するものとなるのです。

現在の自我はまだ赤ちゃんなのです。そして事柄の本質を洞察する人は、自己中心的な態度で泳ぎ廻っている人の中に、官能的な女性のヴィジョンを見るのです。赤ちゃんに対してこころの中で官能的な喜びを感じている女性のヴィジョンをです。とはいえ、そのような快感は正当なものです。なぜなら女性にとって、子どもは他者なのですから。女性の自己中心的な態度を霊視すると、そこに赤ちゃんを優しく胸に抱いている姿が見えてくるのです。そして今日の社会にはいたるところで、胸の中に赤ちゃんを優しく抱いている人の姿がアストラル的な像として見えてきます。

古代エジプト人たちは、有名なスカラベ〔太陽神ラーと同一視された聖甲虫（*scarabaeus sacer*）のこと。装飾意匠や護符として用いられた〕を作り出し、スカラベという自我を少なくとも頭部に担っていました。今日の人間は自我を腕に優しく抱きとめているのです。私たちの日常の行為をこのイメージと比較することもまた、教育者にとってはきわめて有益な瞑想になるのです。この瞑想を通しても、「霊の波の中を遊泳する」と私が述べた体験にまで導かれます。――そうなると、このヴィジョン体験の中で、問いへの答えが与えられるようになるのです。

もちろん、そのためには「内的平静」を保つことが必要です。この意味で進歩する素質があるかどうかは、すぐに分かります。その人が妨害を受けたときに、嘆くか嘆かないかを見ればよいのです。霊的に進歩する人は自分の進歩が妨げられても決して嘆いたりはしません。なぜならば、本当は誰からも妨げられはしないからです。誰かが決定的な行動に出る直前に効力のある瞑想をし、また決定的な行動に出たあとで、その行動をすべて忘れて、そのような瞑想に没頭するということは、とても大切です。そもそも誰の力も借りないで、ひとつの世界から抜け出し、別の世界へ入り込む力を持つということが、瞑想にとってはいちばん大切なのですから。これがそもそも自分の中に内的な力を喚起することのできる始まりなのです。

多かれ少なかれ冷淡な態度で子どもに向かうのと、本当に愛情を持って向かうのと、どんな相違があるでしょうか。どうぞ皆さん、それを観察してください。本当に愛情を持って子どもに向かうときには、特に障害のある子に向かう場合には、教育の効果がただちに現われます。ですから本当の愛情よりも技術的な能力の方が大切だ、という考え方ができなくなってしまいます。

そもそも、人智学運動を行なおうとするとき、心情の発露が欠けていては、何ごとも達成できません。私の申し上げる事柄を植物の根のようなものと考えてください。心情の植物がそこから生長していく根なのです。本当に必要なのは、本質的＝人智学的なものをひとつの現実存在と感じ取ることです。

皆さんがこの講習会で受け取った事柄も、ただ学習したというだけで、それを心情の育成に向けなかったなら、人智学運動にとっては何の役にも立たないでしょう。一九二三年のクリスマス会議によって生まれた人智学協会についても、同じことが言えます。このことがあの会議の当然の、そして現在ますます当然であるべき前提なのです。ゲーテアヌムの諸活動をどうぞ真剣に受けとめてください。未来のゲーテアヌムにおける諸部門の活動も、この意味で働くのでなければなりません。それ以外のありようはないのです。

なぜなら今日まで述べてきた治療教育の観点から皆さん自身が感じ取ってくださるように、人智学協会はひとつの有機体でなければならないからです。そしてその有機体においては責任感が生命を維持する血液の働きをしていなければならないのです。

正しく感じ取られた事柄は、それだけで正しい仕方で働き合います。人体が統一体として生存するためには、心臓も腎臓も共に働き合わなければなりません。同様に、皆さんが努力している社会活動や文化運動においても、それぞれが責任を持って育成しつつある芸術、科学、教育の諸部門が互いに協力し合わなければなりません。社会活動を行なう人は、その活動の中でゲーテアヌム自由大学の活動に関わっていかなければなりません。その意味での人智学を真剣に受けとめなければなりません。

皆さんが障害のある子どもたちのために働こうとするのなら、人智学運動としての教育の流れに眼を向けなければなりません。そしてその流れを皆さん自身の活動と合流させなければなりません。皆さんは同じ教育の流れの中で、障害を持った人たちを治療して社会に送り出すために働くのでなければなりません。さらにまた人間の異常性に関して、医学部門も教育を深化させるために協力できる、ということをよく理解していなければなりません。皆さんが正しい仕方で自分を深めようとするのなら、「これは自分の仕事に役立ちそうだ、あれも自分の仕事に役立ちそうだ」という態度ではなく、絶えざる生きた連関を作り出しながら、互いに役立ち合うように働くことが必要です。

この生きた連関を断ち切ってはなりません。それぞれの分野での活動が自己中心的になってはなりません。社会全体の中に自己を組み入れたいという願いだけが生じるべきなのです。そのような願いを通して治療オイリュトミーが治療教育に加わり、オイリュトミー全体も治療教育と連関を持つようになるのです。このことからも分かるように、それぞれの活動分野が互いに生きた連関を求めなければなりません。ですから治療オイリュトミーを行なう人も、ある程度までオイリュトミーの基礎を身につけなければなりません。治療オイリュトミーは芸術上の完成を求めるのではありませんが、それでも言語オイリュトミーと音楽オイリュトミーの一般知識から育っていかなければなりません。

このようにして、諸分野での人と人との結びつきが育成されるのです。治療オイリュトミーの研究に際しては、医者に意見を求めることも大切です。ですから私は、治療オイリュトミーを医者との協力なしには行なわない、という条件を出しました。以上の事柄は、人智学上の活動がすべて、どれほど互いに生きいきと結び合っているか、を示しています。

しかし、もうひとつ大切なことがあります。未来においては人智学協会に対して責任を感じているか、いないかが決定的に問われるようになるでしょう。――皆さんに信じろとは申しません。しかしこれまでに生じたさまざまの出来事からも分かることだと思いますが、クリスマス会議が始められたとき、責任感を持つことの必要性が参加者のこころに刻みつけられました。というのは、責任を担う人びとが選ばれたとき、そこにいた人たちの質問に関しては、たぶん無慈悲だと感じさせたような排他的態度をとらざるをえなかったからです。そのような態度を通してゲーテアヌムの理事が選ばれたのです。ですから人智学協会内で行なわれる事柄に関しては、この理事を信頼すべきなのです。問題が生じるたびに、この理事を信頼し、支えるべきなのです。このことが未来の人智学運動の内部で理解されるでしょうか、それとも理解されないでしょうか。

以上のことを特に皆さんの場合のような新しい施設の創設にあたっては、一種の定礎式のようなものとして申し上げなければなりません。もしも私たちの中で、或る地位に対する批判がやまなければ、もしもオカルト的な働きに関して、信頼の原則が、教義においてではなく、活動において存在しえないなら——なぜなら批判は知識の内容にではなく、活動の内容に向けられるのが常だからです——、そのときには、人智学運動を存続させるのに無条件に必要な事柄が、生じえなくなってしまうでしょう。将来は責任を持った者に対して、隠れた形での反抗があってはなりません。そのような反抗があるときには、自由大学のメンバーは必要な調整をしなければなりません。そして必要な理解が得られないときには、自由大学そのものが存在しえなくなるでしょう。

クリスマス会議以前には、理事は秘教的に活動する意向を持たなかったので、その思考も感情も私に委ねられていました。そして誰でも望む通りに協会からいくらでも要求することができました。これがクリスマス会議までの原現象でした。人智学運動に関して、思考または感情の要求する事柄が生じたとき、人びとはちょうど靴を注文しに靴屋へ来るようにして、私のところへ来ました。そのことに気づかぬどころか、自分はその反対だ、と信じていればいるほど、人びとはそうしたのです。しかし協会の意志はゲーテアヌム理事の責任の下に発せられるようになりました。このことが意識されるようになったときにのみ、状況が全体的に改善されるのです。そして強制的にではなく、本当に理解と愛情を持って、その意志と一つになろうとする気持ちが生じるのです。

しかし人びとの思考方式は、まったく奇妙な在り方をしています。あまりにことばにこだわりすぎています。昨日もそのことがグロテスクな形で私の前に示されました。行動へのあこがれが、いたるところでことばに囚われ、ことばによって誇張され、ことばに火をつけられて現われたのです。たとえば噂によれば、私がブレスラウで自由人智学協会の理事について語り、ほかの者たちは抜けてしまい、残ったのは頭の欠けた胴体だけの理事ばかりだ、と言ったというのです。そしてこのことばだけで、すぐさま人びとは「胴体だけの理事だ、頭を見つけなければならない」という判断を下しました。

けれども皆さん、事実は人びとがことばにしがみついていただけなのです。一度人の口から、「頭の欠けた胴体にすぎない」ということばが発せられると、人びとはこのことばだけにしがみつきました。そして真実がどこにあるのかを全然見ようとはせず、ゲーテアヌム理事がこのいわゆる胴体だけの理事と完全に一致していることに気がつきませんでした。そうでなければ、ゲーテアヌム理事がそのことに否定的な発言をしているはずです。しかしそういうことをしていないのですから、今のところ合意のできていることがはっきりしています。大切なのは事実をもとに判断することです。

今述べたことは、人智学運動を正しく展開する上で特別重要なのです。ですから皆さんがラウエンシュタインで、人びとから大きな期待を持たれている仕事を始めるときにも、人智学のほかの諸運動と一致して活動することが望ましいのです。皆さんは一方ではほかの人智学運動がこのような大切な仕事を支持し、育成するであろうということをよく知っていらっしゃいます。その仕事はクリスマス会議にふさわしい仕方で支持され、育成されています。しかし他方、皆さん自身の活動もまた、人智学運動そのものを高めるのに役立っているのです。

皆さん、私はこのことを皆さんがたすべてのこころに訴えかけたかったのです。どうぞこころからこのことばを、私の贈り物として受け取ってください。そしてそれが今後も衝動となって働きますように。

精神運動においては、その運動が一人ひとりの実際生活を豊かなものにすることができなければなりません。そうできるときにのみ、人びとはその精神運動を生きいきと実感するのです。

皆さん、どうぞこの講義が皆さんの意志の力となり、舵《かじ》となり、そして良き成果となりますように。

付録　人智学的治療教育の成立

アルブレヒト・シュトローシャイン

――『われわれはルドルフ・シュタイナーを体験した――弟子たちの回想』（Wir erlebten Rudolf Steiner: Erinnerungen seiner Schüler）一九六七年より

第一次世界大戦後、イェーナ大学に通っていた私は、大きな養護施設で働いている人たちと知り合い、人智学に関心を抱いていたこの人たちと集まりをもった。集った人たちは最後には八人になった。或る日その施設の責任者から遊びにこないか、と誘われた。彼は若い仲間たちの会議の席での私の発言が人智学によるものなのかに関心を持っていた。その会議のテーマというのは、養護学校における教育についてだった。若い人たちは教育者としての経験もなかったし、まだ人智学を深く学んでもいなかったので、もっと頼りになる人材が欲しかったのだが、幸いなことに、まずジークフリート・ピッケルトが、次にフランツ・レフラーがこの施設の教師になった。この二人は特に年長というわけではなかったが、以前から人智学に親しんでいた。

まもなくドルナハで、一九二三年のクリスマス会議が開催されようとしていた。私たちは七人か八人でその会議に出席しようと思った。やっと旅費が調達でき、私たちは出発した。ドイツはちょうど兆単位の紙幣をレンテンマルクに替えたときで、私たちは乞食のように貧しかったのだ。

養護学校に勤めているピッケルトとレフラーにとっては、本来の仕事から離れて、人智学の人間認識、宇宙認識に集中するのは辛いことだったが、しかしその一方で、障害を抱えた子どもたちと一緒に生活しながら、もっぱら感情を通してしか毎日の態度を決めていかなければならないのも辛いことだった。まだ教育者としての認識を深めることができずにいたのである。この矛盾を私の仲間たちは体験していた。

私自身は十五歳のときの或る体験から、人生とは何かをどうしても探求しなければと感じて、以前から人智学に出会っていた。まだ二十歳になる前のことだったが、第一次世界大戦から帰還して何日も経たぬうちに、或る友人が『神秘学概論』の一節を読んでくれたときから、ルドルフ・シュタイナーこそ人生の秘密に通じた人なのだと確信するようになっていた。

ルドルフ・シュタイナーがクリスマス会議の際に医学についての連続講義（『医学を深めるための瞑想による考察と手引き』一九二四年一月二日―九日のこと）を行なうと聞いて、私は養護施設の仲間たちにとって、この講義が或るきっかけになってくれるのではないかと思った。ただこの会議には八百人くらいの人がドルナハに集ってくるのだから、多忙を極めるルドルフ・シュタイナーに私たちのような若者がどうやって近づけるのだろう。会議が始まってまもなく、仲間たちと食堂《カンティーネ》で昼食をとった後、私は「ガラス館（グラースハウス）」から丘を上って「作業場《シュライネライ》」の方へぼんやり歩いていった。ふと顔を上げると、眼の前に、ひとり丘を降りてくるシュタイナー博士の姿があった。私は帽子をとり、丁寧にお辞儀をしようとすると、彼は手を差し出して、「お元気ですか」、と訊いた。私はこの偉大な知者からの挨拶をいいかげんな態度で受け取ることができず、こころを静めて、すぐにイェーナでの仕事のことを語り、私の友ピッケルトとレフラーを医学講義に参加させていただけないでしょうか、と訊ねた。私はシュタイナー博士と一緒に道を降り、「ガラス館」の前まで来た。「考えてみます。講習会を主催しているヴェークマン博士に訊いてみなければなりません。もう一度会いに来て下さい」、とルドルフ・シュタイナーは言ってくれた。

　このことがあってから、ピッケルトとレフラーは毎晩講義の後で、返事を訊くようにせがんだが、シュタイナー博士から返ってくる言葉は、「まだ訊く暇がありませんでした。また来てみて下さい」、だった。こういうことが何度かあった次の日の晩も、友人たちが「どうだった?」と訊いてきたので、私は頭に来て――それは「作業場」の玄関口でのことだったが――、二人にかなりひどい言葉を投げかけ、身を翻して、そこから離れようとすると、眼の前にシュタイナー博士が立っていた。「皆さん、どうぞ出席して下さい。三人ともです」。「博士、私は友人二人のことをお願いしたのです」。私はこの突然の出会いにどぎまぎして、やっとそう返事をした。「いえ、あなたがた三人とも来て下さい」、と彼は落ち着いた口調でそう言った。そこで私は、私は医学ではなく、心理学の学生なのです、と言わなければいけないと感じた。「かまいません。あなたも来て下さい」、とルドルフ・シュタイナーはきっぱりと言った。

その十年後に、イタ・ヴェークマン博士は或る集まりの折に、このときのエピソードを彼女の側から次のように話してくれた。シュタイナー博士は、こう言ったのだという。「私は三人の若者を知っている。この三人も医学講義に参加する。医者ではないけれども、参加します」。その言い方があまりにきっぱりしていたので、彼女は、どうしてその三人なのか、と訊く気になれなかったのだという。

この出来事は、ルドルフ・シュタイナーが魂の中で衝動が熟した時点を正確に把握して、その衝動を受けとめ、道をつけてくれた例証になる、と私は思っている。

こうして私たちは医学講義に参加した。謙虚に若い医師たちの後ろの最後尾の列に席を取った。最終回の講義の後、シュタイナー博士はわざわざ一番後ろの席に来て、大きい声で私たちにこう言った。――「明朝十時にアトリエに来て下さい」。

自分たちがどうして呼ばれたのだろう。驚きと疑問と憶測が渦を巻いたが、今何をしたらよいのか、私たちに予感があったので、質問を十分に準備した。言われた時間にアトリエに行くと、ルドルフ・シュタイナーが自分の肘掛け椅子に坐って待っていて、話をよく聞いてくれた。そして質問のすべてに答えてくれただけでなく、言わずにこころの中に残していた多くのことにも答えてくれたのである。そういう「正常でない」子どもたちの自我とアストラル体は、完全に受肉できないでいるのだ。けれどもだからこそ、すでに今、来世の準備をしているのだ、ということを印象深く語ってくれた。私たちは傾聴し、注意深くその言葉を受けとめた。そのときの印象が非常に大きかったので、後になって語られた言葉を関連づけてまとめることが誰にもできなかった。私自身がよく憶えているのは、最後に私がこう質問したときのことである。「こういう困難な地上生活を送っている、いわゆるこころに障害を持った子どもたちにとって、何が大切なことなのですか」。ルドルフ・シュタイナーはしばらく黙ってから、静かにこう答えてくれた。「今日《こんにち》の天才たちの過去を振り返ると、天才たちが少なくとも一度はそういう中途半端な人生を通過してきたことを知らされます」。

ジークフリート・ピッケルトは、シュタイナー博士の次のような言葉を憶えていた。
――「シュトゥットガルトのヴァルドルフ学校の特殊学級に来ると、今の状態がどうであれ、ここでは来世のための準備が始まっているのだ、と思わされます。私たちが子どもたちと一緒に来世のための準備をするのはとても大切なことなのです」。

彼は最後に、私たち一人ひとりと握手を交し、また会いましょう、と言い、そしてこう付け加えた。――「たぶん、いつかは皆さんの仕事の現場で相談に応じることができるでしょう」。

それは、まったく簡潔な言葉だったが、私たち三人にとっては、試煉の問いのようだった。どういう意味だったのか。われわれで彼を、イェーナの施設に招くべきなのか。彼はイェーナの施設でも講演してくれるのだろうか。彼は決してイェーナには来ないだろう、と私は思った。来てくれるには、友人たちが何か独自のことを始めなければならない。けれども友人たちは、まだ若すぎるし、経験も不足していた。

こうして二人はふたたび職場に戻り、私は大学に通った。そして道で誰かに会うと、イェーナに大きな家を借りたいのだが、そういう家を知りませんか、と訊いた。とうとう女医のイルゼ・クナウアーが運命的な情報をもたらしてくれた。あの山、ラウエンシュタインの上にある大きな家が貸家になっている、と。

だがレンテンマルクの出現が私だけでなく、たいていの年上の友人たちをひどく貧乏にしてしまっていた。しかし私とイルゼ・クナウアーはその家をすぐさま見にいった。家主の女性は私たちに法外な値段を言ったが、私はその半額を提示した。それは昼の頃だった。午後になって私の女家主の息子に二人の友人のところへ行ってもらって、夕方、仕事が終わり次第私のところへ来るように、と伝言してもらった。友人たちとの話し合いの最後に、私はこう切り出した。「一体やりたいのか、やりたくないのか」。彼らは即座に、「やりたい」、と言った。

次の日、二十マルク借りた私は、切符を買い、シュトゥットガルトへ向かった。シュタイナー博士が復活祭会議に参加している、と聞いていたからである。グスタフ・ジーグル館に来たとき、或る友人から、シュタイナー博士が会いたがっているから、すぐに舞台入口に来るように、と告げられた。当時のドイツは不安定な時代で、ミュンヒェンでの恐るべき事件〔シュタイナー暗殺未遂事件のこと〕の後だったので、出入口の警備が厳しかった。何ごともなければいいが、と思った。すぐにシュタイナー博士が来た。「今お話しできますか」、と訊ねると、「今は時間がないので、いつか午前中にヴァルドルフ学校に来て、休みの時間に私をつかまえて下さい」、と言われた。いつか午前中に？　けれどもすぐに話をしなければ。そう確信したので、その場で私は話を切り出した。私たちは一緒にジーグル館の舞台の後ろまで来た。窓際に立って、私は家を借りるチャンスがある、と語った。彼はすべてに耳を傾けてくれた。「もしあなたが場所を見つけてくれるなら、私たちは一緒に働くフォルムを見つけることができるでしょう」、と彼は言った。しかし私たちの経済状態が大きな負担になっていた。「ですが、博士、お金が全然ないのです」。私はそう告白し、こう付け加えた。「私はぜひ始めたいのですが……」。ルドルフ・シュタイナーは私を上から下までじっと眺め、きっぱりと、お金の問題について、しかしこの一度の場合に限ってのみ妥当するような言い方で、「あなたはお金のことでくよくよしてはいけません」、と言った。

昼休みに私は「ヴァルドルフ・アストリア」タバコ工場の社長エミール・モルトに面会を申し込んだ。彼はヴァルドルフ学校を創設した人だから、この新しい教育施設を立ち上げることにも理解してくれるだろう、と私は思った。しかし彼は、私の話のすべてを聞いて、はっきりとこう言った。「どうぞ分かって下さい。私たちは新しいことを何も始められません。ヴァルドルフ学校で手一杯なのです」。

この瞬間の幻滅が私に身勝手な言い方をさせた。それなのに、彼が後になって友情をあのように示してくれたのだから、モルト氏の寛容な気持ちには、ただただ感謝するしかない。「モルトさん、相談しにきたのではありませんよ。お金の工面をしてもらえるかどうかだけが知りたいのです」、と言ってしまったのだ。そう言って立ち上がり、「失礼します」、と言った。「待って下さい。千マルクなら差し上げられます」、とモルト氏は言ってくれた。「貸してくれるのですか」、とまだ思いきり冷たい口調のままで訊き返すと、「損《ア・》失勘定《フォンペルデュ》で」、という答えが返ってきた。

これが始まろうとする私たちの治療教育のための最初の資金だった。午後になると、さらに数千マルクが集まり、私は速達便で、賃貸借契約書の書式をイェーナの友人たちに送った。二日後、「契約了承、帰ってこい」、という電報が入った。

契約が結ばれ、数か月分の家賃が溜まった。ラウエンシュタインの家の緊急に必要な修理は、自分たちでやった。二年前に学生寮を造る計画で兵舎にあった三十台の古いベッドを入手しておいたのが役に立った。それらは折り畳み式ではなかったので、貨車一台を満杯にして送られてきた。一台一台新たに塗装し直し、一番安かったマットレスを買い、最低限必要な家具類も寄贈してもらい、そして年長の友人たちからの感動的な協力も得た。こうして一九二四年五月、私たちは引越してきた。そして最初の子どもたちを受け容れた。

当時私はまだイェーナ市内に自分の部屋を持っていた。ピッケルトとレフラーがラウエンシュタインで設備を整えているあいだ、さらに私は家具と資金を調達するための旅に出た。特にシュタイナー博士に会うためにドルナハとシュトゥットガルトへ行った。彼からの助言がいろいろ必要だったのだ。

われわれ三人が案内書を作ろうとしたときも、初めはラウエンシュタインの先住者が付けた家の看板をそのまま使うつもりだった。この先住者は医者で、「子どもの家――小児病、てんかん性疾病治療」を看板にして治療院を造ろうとしていた。「いけません。看板は大事です。ここで何がなされるのか、看板を見るだけで、はっきり分からなければなりません」、というのがシュタイナー博士の答えだった。私は彼の顔をじっと見ながら、次のことばを待った。「魂の保護を求める子どもたちのための治療＝教育施設」、と彼は言った。私はまだ彼の顔を見続けた。この新しいことばの意味がぴんとこなかったが、ノートを広げた。彼は一言ひとこと繰り返してくれた。「〈魂の保護〉は大文字で始めます。〈求める〉は小文字です……」、そして付け加えた。「子どもたちにすぐ烙印を押すような名称を使ってはなりません」。次第にゆっくりと分かってきたのは、魂の保護とは、どんな子どもの教育にも必要であり、おとなの誰もがそれを必要とする事柄なのだ、ということであり、したがって私たちの子どもがほかの子どもと区別されない言葉なのだということだった。こうしてわれわれの新しい治療教育施設は名前を得たのである。

＊＊＊

ドルナハのアトリエで、或るときルドルフ・シュタイナーは、「あなたたちのところへ行きます」、とはっきり言ってくれた。そして話し合いの後で、「誰にも知らせないでいいのですが、……行ったら講習会を開きましょう」、と言った。彼のラウエンシュタイン訪問は、一九二四年六月十七日の夜、十二時頃に始まった。シュタイナー博士はブレスラウ〔現ポーランド、ブロツワフ〕での「農業講義」を終えて、そこから急行列車《デー・ツーク》で来てくれた。われわれ三人は駅で彼を迎えた。「誰にも知らせずに」という彼の指示に従って、われわれは悪いと思ったけれども、数多くのイェーナの人智学協会員にはこの来訪のことを黙っていた。彼の指示は、はっきりと、彼がこの訪問に際して、われわれの仕事に関わりのある人だけと話したい、ということだったのだ。

何人かの人だけが列車から降りた。二人のドルナハ理事、エリーザベト・ヴレーデ博士とヴァクスムート博士が一緒だった。シュタイナー博士はフォーム沿いにゆっくり歩き、真っ先に改札口で駅員に切符を渡した。駅員はびっくりして客の顔を見上げ、切符を受け取ろうとしなかった。私はすぐ後ろに立って、その様子を見ていた。シュタイナー博士は一瞬待ってから、切符を彼に渡して、外へ出た。

私たちはタクシーで古いホテル「ツム・ベーレン（熊の宿）」へ行った。このホテルにはルターも泊まったことがあった。ロビーへ行くと、ルドルフ・シュタイナーが壁に掛かっている油彩画を見ていた。彼は受付の人に促されて、宿帳に自分の万年筆で「ルドルフ・シュタイナー博士（著述業）、ギュンター・ヴァクスムート博士（同行者）、ならびにエリーザベト・ヴレーデ博士」と記した。

翌朝八時に彼を迎えにいくと、すでにヴレーデ博士、ヴァクスムート博士と一緒に朝食をとっていた。そして「すてきな部屋でした。誰が住んでいたかご存知でしたか」、と言った。私はあらかじめ部屋を見ており、ホテルの一番よい部屋であることは知っていたが、「知りません」、としか答えられなかった。小さな銀の板を見落していたのだが、ベッドの片隅に付いたその板には、「ビスマルクが何度かこのベッドで眠った」、と記されていた。そんな単純なことを見落していたのが恥ずかしかった。数分後、シュタイナーは立ち上がった。彼はいつも非常に時間を厳守した。私たち四人でタクシーを拾い、まず郵便局へ寄るように頼んだ。シュタイナーは電報を送りたいのだという。私は彼と一緒に車を降り、窓口へ行き、電報用紙と万年筆を手にして、すぐに口述筆記するつもりでいたが、彼は自分で書くと言った。それから私たちはラウエンシュタインへ向かった。

＊＊＊

友人たち、教師たちがすでに門のところに出迎えに来ていた。私たちの最初の子どもたち五人も来ていた。さらに何人かこれから入学するはずの子どもたちもいた。私たちはシュタイナー博士に家のすべてを見せた。地下室に通じる階段のところに来たとき、その狭い空間で、或る女が私たちの側をこっそり通り過ぎた。すぐに誰ですか、と彼に訊かれた。掃除係です、と言うと、こういう返事が返ってきた。――「あなたはこの人と結びつきが出てきますね」（この女性の運命は特別だった。彼女の十三歳と六歳の娘は二人とも極端なくらいの白子《アルビノ》だった。輝くような繊細な髪の二人は、まるで童話の王女たちのように見えた。この二人は、私たちがまだルドルフ・シュタイナーに話していないうちに、連れてこられた）。

私たちはしばらく中庭に立って、建物の外側を眺め、それから夏の陽射しの中の野外風景を眺めた。この地方の風景は非常に美しいので、イェーナの旅行案内書にはこう記されている。――「ラウエンシュタインでの日の出をぜひ体験して下さい」。ルドルフ・シュタイナーはこの瞬間に、私の方に身をかがめて、低い声でこう訊ねた。

――「どうやってここまでなさってきたのか、話して下さい」。私はほとんど何も答えられなかった。自分でもどうやってきたのかよく分からなかったのだから。

到着してからすぐに仕事にとりかかるつもりだった。だからお客たちを応接室に案内した。私たちは倹約しなければいけなかったから、テーブルの周りには安っぽい椅子しか並んでいなかった。この大事な日のために、私たちは坐り心地のよい椅子を一つだけ借りて、イェーナの市内から車で運んできた。少しでもシュタイナー博士の役に立てればと願ってのことだったが、彼の礼儀正しさをまったく考慮していなかった。彼はこの椅子をすぐにヴレーデ博士（ゲーテアヌムの数学・天文学部長）に譲った。彼女が「博士、このソファはあなた用です」、と何度も言うと、彼は次の女性に椅子を勧めた。この女性がその椅子に坐り、彼自身は簡素な椅子に坐った。そして私たちはこの教訓を受け容れるしかなかった。

ラウエンシュタインを借り受けてからまもなく仕事仲間になったヴェルナー・パッヘが子どもたちを次々に集めてきた。彼は話し合いにも参加し、私たちにとって非常に重要だった事柄を速記に残すことができた。

最初の少年は知的障害を持ち、とても落ち着きがなかった。テーブルの周りを走り廻ったかと思うと、シュタイナー博士のところへ行って、親しそうに寄りかかった。一瞬この子は安らぎ、静かになったので、彼本来の繊細な本性を垣間見ることができた。

ルドルフ・シュタイナーはこの子の感覚体験に関心を寄せた。彼は遠くを見ることができなかった。歯が悪いと話すと、ルドルフ・シュタイナーは、「指の爪も弱く、柔かいでしょう」、と言った。そしてさらに、「お母さんのことで何か気づいたことはありませんか」、と訊ねた。私たちは両親とは文通するだけで、直接会っていなかった。「いいのです。個人の運命なので、家族とはあまり関係ないのですから」、と彼は言った。「これは注目すべきカルマですね。アストラル体が過剰で、前世からの働きが現在に及んでいるのです。この少年は死と新しい誕生までの間が短かすぎたので、今でも前世のアストラル体が働きかけてきています。ですから夜特異な夢を見ています。だから目覚めたとき、奇妙なことを口走るのです。蛇を見たことがあったら、蛇たちがくねくね這いながらこちらに向かってくる夢を見るかもしれません。よくないアストラル体が特に後頭部に居坐っています」（ルドルフ・シュタイナーは強い関心をもって、硬い黒髪に覆われた少年の後頭部に手を当てた）。

そして彼はこう続けた。――「正反対のアストラル的な力を流し込むと、いい影響が与えられます。それには藻類が役に立ちます。藻類は周囲の空気のアストラル力を吸い込んでいます。茸類《きのこ》はもっとたくさん吸い込んでいますが、すぐに一番強力なものから始める必要はありません。寄生植物はアストラル成分を強力に引き寄せます。藻類の注射は健康なアストラル成分を流し込んでくれます。これはこの子の頭部のアストラル成分と反対のアストラル成分です。この子の頭部には、よくないアストラル成分があるのです」。彼はこう言って、治療法を教えてくれた。それは藻とベラドンナによる薬剤で、厳密に効能が定められていた。

次の子は小学校を普通に修了したが、道徳感が欠落していた。嘘言、大言壮語、盗みの癖があった。この子の場合に、私たちはシュタイナーの教育的態度をよく知ることができた。

この少年は紹介されると、前へ進み、はっきりした口調で、「今日は! 博士」、と言った。そのときのシュタイナー博士の態度は、教育的であると同時に治療的でもあった。たとえば彼は「計算や書き取りはできるの」、と訊いた。「ええ、もちろん」、という誇らしい答えが返ってきた。「お父さんの名は」――「カールです」。「ではこう書いてみてくれる。私はベルリン出身で、父はカールといいます」。

ルドルフ・シュタイナーによると、この子の自我は非常に弱いので、道徳上道をそれてしまうのだ。非常にはっきりと自意識を現わしているこの少年の態度を見て、誰がこのような診断に達せるだろうか。しかしすでにこういうことがあった。この少年が教師のひとりの靴を履いて、階段を降りてきた。この教師が「誰の靴を履いているのか」、と言うと、この少年は大らかな、確信をもった態度で答えた。「これは先生の靴です。そう思わないのですか」。

この少年に対する教育上の治療法として指示されたのは、人間関係をよくするために、施設内の皆の靴を修理することだった。次いで医療上の処方が与えられた。「道徳問題を医学的に処置するのか」、と私たちはびっくりした。そうなのだ。血液内の糖分形成を調整しなければならなかった。人間の魂は熱組織の中で活動するのだから、熱組織〔この場合は血液〕に働きかけなければならないのだ。

すべての子どもについて話し合った後、私たち仕事仲間は、こういう注意を受けた。「少なくとも一人は教員資格試験を受けて下さい」。シュタイナーは今後生じるいろいろな問題を予測していた。私たち三人、ピッケルト、レフラー、そして私は多少なりとも教師としての仕事をしてきたが、誰も大学で教員資格試験を受けようとは思わなかった。もともと私たちは三人とも、治療教育の出ではなかった。

レフラーはもとハンガリーの将校だった。私たちは皆、運命によって養護学校の子どもたちの問題に導かれたのだった。そしてこの問題についての人智学の観点を求めたのである。私たちの経験からすれば、他の観点は頼りにならなかった。教員資格を取得するようにという忠告はありがたかった。私たちの施設の認可を得るのに、この資格が不可欠だったのだから。

同じ頃、困惑しきった親たちに連れられて、問題を抱えた子どもたちがドルナハのルドルフ・シュタイナーのところへ連れてこられた。ヴェークマン博士は、彼女らしい手際よさで、この子どもたちのために、「ホレの家」〔ホレはドイツ伝説の守護の女性〕と名づけられた小さな家を用意した。シュトゥットガルトでは、障害を持った子どもたちが初めてヴァルドルフ学校に集められた。ルドルフ・シュタイナーはその子どもたちをオーストリア人のカール・シューベルト博士に委ねた。

治療教育の新しい始まりが、今その時を告げたのである。それは私たちが治療教育の道を自覚する以前のことだった。ルドルフ・シュタイナーによって「魂の保護を求める」と呼ばれた子どもたちが全文明社会でますます緊急の問題になっていくのを、一般社会はまだまったく感じていないときのことだった。

私たちは昼食の食卓を囲んだ。私はシュタイナー博士の隣に席を取り、食前の祈りを唱えた。彼は温かい、深い声で「アーメン」を一緒に唱えてくれたが、この「アーメン」は、私たちの時代霊の使者〔シュタイナー〕が障害を持った子どもたち、ドルナハの理事たち、私たち治療教育の新参者たちと食事を共にしたこの食卓への祝福であり、守護であるように思えた。

会話が始まった。ルドルフ・シュタイナーは私たちよりイェーナのことをよく知っていた。彼は私たちに、昼間でも星を見ることのできる塔があると語った。冗談も言った。コベルヴィッツで生じた事件も話題になった。夜のことだったという。彼はすでに横になって、書きものをしていた。すると万年筆から一滴インクが枕に落ちた。その家の女主人、カイザーリング伯爵夫人は幸いなことに鷹揚な人物だったので、翌朝彼が誤ると、彼女は明るく、この枕は想い出に取っておきましょう、と言った。ヴァクスムート博士は身を乗り出してこう言った。「この枕のインクのしみは、ヴァルトブルクのインクのしみのようにしないほうがいいですね。ヴァルトブルクのインクのしみはルターが付けたのですが、その後も訪問者のために、何度もしみを付け直しているそうですよ」。

ルドルフ・シュタイナーは庭を歩きながら、「本当はどの子もここにあるすべての樹木と草花の名が言えなければならないのです」、と私たちに言った。私たちもその頃には、自然科学上の興味を持たせることが大切だと言っているだけではない、と思えるようになっていた。環境世界の知識は死後の生活にとって決定的に重要になる。来世での内面世界の知識は、この世での環境世界の正確な知識から作られるのだ。

まだ太陽は天高くにあったが、次第に夕方が近づいていた。シュタイナー博士は、この後の旅行のことを考えなければならなかった。できたらちょっとでもヴァイマルに行きたい、と彼は言った。これを聞いて、私は「車を用意しましょうか。二十キロくらいまでは行けると思いますが」と言うと、彼はそれには答えずに、側にいたヴァクスムート博士に呼びかけた。「ヴァクスムート、ヴァイマルまでタクシーを頼めますか。それだけのお金がありますか」。「大丈夫です」という返事だったので、私たちは安心した。実際、シュタイナー博士がそれまでの数週間にしたことは、皆の想像を超えていた。そして私たち若者の誰もがはっきり意識していなかったとしても、或る日この仕事ぶりが地上の肉体の限度を超えてしまうだろう、と私たちはぼんやり予感していた。

こうして一九二四年六月十八日が終わった。今日《こんにち》までいくつもの治療教育施設で、この日を私たちの治療教育活動の創設日として祝うのは、私たちがルドルフ・シュタイナーと一緒に過ごしたこの日が、あらゆる意味で子どもたちとのその後の共同生活全体の原像となってくれたからでもある。私たちの諸施設には或る特別の響きが支配している、と後に言われたが、その響きは、ルドルフ・シュタイナーが私たちのもとで打ち鳴らしてくれた響きだったのだ。私たちは彼の思いを受け継ぎ、それを実現しようと努めてきた。私自身について言えば、この訪問のあいだに明らかになったのは、自分が今から外的な事情にこころを配るだけでなく、これからの治療教育活動に内的にも積極的に関わっていかねばならない、ということだった。

＊＊＊

その二日後、私たちは四度目のドルナハ訪問へ出かけた。「治療教育講義」が始まる、というのである。ルドルフ・シュタイナーは戻ってからも途方もなく多くの仕事を抱えていたので、なお数日は待たなければならなかった。私たちはこの講習会を私たちだけのものにした。直接関わりのある人だけを受け容れよう、と彼が言ったからである。シュトゥットガルトからシューベルト博士とコリスコ博士（治療教育家でヴァルドルフ学校の校医）、教師ではエルンスト・レールス博士、キリスト者共同体の司祭からはエミール・ボック博士、シュトゥットガルトの「ゲーテアヌム研究所」の設立者リリー・コリスコ夫人も何日か参加した。それにドルナハ理事会のメンバー、アルレスハイム病院の医師たち、その一人ユリア・ボルト博士はその後治療教育の発展に力を尽くしてくれた。私たち治療教育者を加えて、全体で約二十人が参加した。

ルドルフ・シュタイナーは速記者を呼ばないようにと言ったが、私たちの誰かが速記するのには、反対しなかった。三人の参加者が、可能な限り正確に書き取ろうと全力を尽くした。

私たちは大きな期待を持って作業場のホールに集まった。一番前の数列の席だけが埋まった。ルドルフ・シュタイナーは講壇からこの異常に少ない聴衆のために話した。書き取られたものは、決してそのときの印象を再現してくれてはいない。彼が通常の受肉経過、逸脱した経過、そしてさまざまな症状を示す経過について述べたとき、彼がドルナハで治療を受けていた子どもたちを一人ひとり紹介したとき、その子どもたちの病歴を読み上げ、そして医師たちの診断に始まり個々の徴候をカルマにまで立ち入って説明してくれたとき、あるいはまた、彼がみずから、教育上の処置、たとえば強迫観念の除去を実際にやってみせてくれたとき、そういうときに私たちが持った印象は、とても再現できない。とはいえ、「治療教育者たらんとする者の公教要理のすべてがこの十二講の中に含まれている」、と後にカール・ケーニヒ博士は言ったという。カール・ケーニヒ博士はルドルフ・シュタイナーの死後、私たちと出会った。

別の友人の話では、ルドルフ・シュタイナーは特別の喜びとともに「治療教育講義」を行ない、この分野で働こうとしている若い人たちに特別の愛情を向けていたという。実際、彼自身も、大学での研究が修了した後、家庭教師として、まさに治療教育の分野でも働いていた。この働きについて、ルドルフ・シュタイナーはこう述べている。——この仕事が当時は唯一の生活手段だった、そして一面的になることから自分を護ってくれた、と。『わが生涯』にはこのことが、次のように書かれている。——運命がこの教育分野での特別な課題を与えた。四人の少年のいる家庭で、彼は教師として働くことになった。三人には小学校の授業の、後には中学校の授業の補習をやった。四人目のほぼ十歳の子の教育は完全に自分に委ねられた。この子は家族の悩みの種で、その障害の度合は、とても教育は受けられないだろうと思われていたほどだった。「この子の思考はテンポが遅く、そして中途半端だった。わずかな精神の緊張も頭痛を起こさせ、生体活動を妨げ、青ざめさせ、心を不安定にさせた。この子のことを知って私が思ったのは、この子の身体と魂にふさわしい教育をしよう、それによってまどろんでいる能力を目覚めさせよう、ということだった。……初めは、眠っているような状態にある魂に通じる通路を見つけなければならなかった。そして次第に魂が身体表現を支配できるようにしていかなければならない。魂を身体の中に入れなければならなかった。この少年はまだ隠されているが、偉大な精神力を持っている、と確信できた。……この教育課題は私にとって学習の豊かな源泉となった。私が用いた教授法によって、人間の霊魂と身体との関連が見えてきた。私は生理学と心理学の研究に没頭した。そして分かったのは、教育と授業とを真の人間認識を基礎にする芸術にしなければならないということだった」。

この少年はルドルフ・シュタイナーの下でギムナジウムの八学年まで進んだ。そしてそれからはもはや家庭教師に頼ることなく、ギムナジウム卒業試験に合格し、医師国家試験に合格して、医師として第一次世界大戦で戦死した。このようにルドルフ・シュタイナーは、彼自身の生活の糧を得る初めての仕事を通して、あるべき治療教育の例を示してくれたのである。

彼自身が未来の治療教育の在りようを生きてみせたのである。その三十五年後に行なわれた「治療教育講義」の中で、彼はこの在りようを具体的に示している。私たちの期待は、期待以上に満たされた。新しい、喜ばしい認識内容が与えられ、仕事への熱意があらためて私たちの心の中に生じた。すでにその数年後に数多くの新しい施設が生じえたのは、ルドルフ・シュタイナーが私たちに贈ってくれたもののおかげだったのだ。

しかしこの講義の日々は、同時に彼からの別離の日々でもあった。私たちがラウエンシュタインでの仕事を始めて一年も経たぬうちに、彼はこの世を去った。しかし今、当時播かれた種から人智学的治療教育活動は、数多くの地方で展開されるまでに成長したのである。

訳者あとがき

本書の著者ルドルフ・シュタイナー（一八六一―一九二五年）が十九世紀末から二十世紀初頭にかけてのヨーロッパ文化の光の部分と影の部分をどれほど深く体験していたか考えるとき、いつでもあらためて驚嘆させられてしまう。彼はその深い時代認識を踏まえて、現代という大きな転換期を生きる人間の内的要求に応えられるような認識の方法を提示しているが、その方法は同時に新しい共同体形成への展望の下に、人間意識の変革を強く求めている。そしてこのことは、彼が現代の社会問題の中のもっとも緊急な課題と考えていた教育問題に対する彼の態度の中に、もっとも顕著に現われている。

教育を論じるときの彼は常に、新しい時代を生きる人間の在り方とそれに対応する社会生活の形成に眼を向けていたが、特に都市生活者にとっての共同体の在り方を教育との関連の中で追究し、一九一九年、第一次世界大戦の終わった次の年から自由ヴァルドルフ学校（ルドルフ・シュタイナー学校）とそれを中心にした社会教育運動を精力的に展開した。

しかしこの運動はその発想のあまりの新しさゆえに、一般社会からはほとんど無視され続けてきたが、ちょうど半世紀経った二十世紀六〇年代の終わり頃から、全世界に拡がった大学闘争によって教育の荒廃ぶりが明らかにされた時点で、にわかに世間の注目を集めるようになった。そして現在、シュタイナーの教育思想は、単なる個々の教授法だけでなく、そのもっとも本質的な部分が一般社会から熱心に求められている。

今あらためてシュタイナーの教育思想の本質を考えてみると、彼は特にゲーテとエルンスト・ヘッケルとニーチェの影響の下に、「有機的発展」の思想と「構造分析」の方法を併用して、人間の本質を解明しようとしていることに気がつく。つまり系統発生の観点と個体発生の観点との新しい統一の立場に立つと同時に、一人ひとりの人間の内部には、主観的な魂の働きがあるだけでなく、物質的な自然界と形而上的な霊界とがそれぞれ客観的な法則をもって働きかけており、これを受ける人間存在は単一の在り方をしておらず、肉体とエーテル体とアストラル体と自我の四つの本性から成り立っている、ということを構造的に明らかにしているのである。

一九一九年八月三十一日、自由ヴァルドルフ学校の創設を前にして、父母のための説明会が開かれたが、その折シュタイナーは大略次のような挨拶を行なっている。——

「十六世紀に始まり、今日その頂点に達しているヨーロッパの近代文明は、今大きな転換期を迎えております。これからの時代状況を考えるとき、これまでとは別様の教養と文化の理想を持つことが必要になります。

私たちは未来において、今日のそれとはまったく別様の社会形成を期待しております。そして私たちはそれを正当にも期待しているのです。わが子のために、来るべき世代のために、お父さんがた、お母さんがたは愛をこめて、次のように考えていらっしゃることでしょう。『私たちの愛する子どもたちは現在とは別様に形成された新しい秩序の中へ、どのようにして送り出されるのだろうか。新しい状況の下で、子どもたちはどのように生きていくのだろうか』。

今日の多くの教育者は『新しい人間形成』という言葉を合言葉のように使っていますが、『新しい人間』という言葉が何を意味しているのかを曖昧のままにしております。いったい、人間とは何なのでしょうか。まず新しい人間学が打ち立てられてこそ、はじめて新しい人間形成の教育も始まります。従来の人間学はこれまでの社会の鏡像でしかありませんでした。

私たちは人間の思考の本性を研究します。それによって子どもの中に正しい認識の力が形成されるようにです。私たちは人間的感情の真の基礎を研究します。それによって正しい社会的共同生活の中で、子どもが人類の平等の下に本当の人間的感情に基づいた権利を求めることができるようにです。そして私たちは人間意志の本質を研究します。それによって子どもの人間意志が未来の経済生活に正しく働きかけることができるようにです。

私たちは人間の体と魂と霊を研究します。それによって教育者が子どもの体と魂と霊を本当に育成することができるようにです。……」

本書の内容をなす治療教育の講義はシュタイナーのそのような多年の思索と実践を踏まえて、最晩年の一九二四年六月二十五日から七月七日にかけ、若い治療教育家たちの要望に応えて、ドルナハで行なわれた。冒頭でシュタイナーは人間の体と魂と霊、もしくは思考と感情と意志の構造的関連について、きわめて透徹した論述を展開し、そこから生じるさまざまな障害の在り方を追究している。特にゲーテから「メタモルフォーゼ」(形態の変化と発展)の思想を学んだシュタイナーは、すべての生命活動の基本に「両極性」の働きがあることを洞察し、人体の思考の座である頭部(神経＝感覚系)の働きにおける「思い出すこと」と「忘れること」の両極性を取り上げている。そして「思い出すこと」に偏した障害、固定観念や妄想への傾向の根底に「鉄分過多」の体質が、「忘れること」に偏した障害の根底に「硫黄過多」の体質が潜んでいること、また、人体の感情の座である胸部(呼吸＝循環系)における「目覚めること」と「眠ること」の両極性の場合には、「てんかん型」と「ヒステリー型」の障害が対応しており、意志の座である肢体(代謝＝運動系)における「運動」と「休息」の場合には「躁型」と「精薄型」の障害が対応していることを、詳細に具体例を挙げて語っている。治療教育における以上の六つの障害の在り方が本書の中心テーマになっているが、おそらくこの部分には、シュタイナーの心理学、生理学、医学の研究成果が集中して表現されていると言えるであろう。したがって後にキャンプヒル治療共同体村運動を創始したカール・ケーニヒ博士は、本書について「治療教育者になろうとする人にとっての『公教要理《カテキスムス》』のすべてがこの十二の講義の中に含まれている」と語っていたそうである。

訳者は一九八四年から八八年一月まで、神戸で本書をテキストにした勉強会を続け、その間に本書を何度繰り返して読み直したか分からないが、読むたびにまったく新しい内容が開示され、読みの浅さを反省させられてきた。次に読むときも、思いがけない読書体験が待っているのではないかと思う。シュタイナーの著作はすべて、一種の謎であり、その解読はそのつど読者の手に委ねられているが、シュタイナーはそのような読書体験が現代人にふさわしい、一種の民主的で自由な秘儀伝授の形式だと考えていたのではないかと思う。

さて、シュタイナーは治療教育の本質について生涯でただ一度だけ本書の内容を遺しているが、彼と治療教育との関係は非常に若い頃から始まっている。すでに二十三歳から二十九歳まで、彼は障害を持った子と深い結びつきを持っていた。二十三歳の頃の彼はウィーン工科大学で熱力学を中心とする自然科学の研究に没頭するかたわら、世紀末のウィーンの爛熟した文化を貪欲に吸収していた。家が貧しかったので、恩師カール・ユリウス・シュレーアの紹介で、素封家シュペヒト家の住み込みの家庭教師を務めることになった。彼が教育を引き受けたのは、シュペヒト家の四人の息子たちで、長男のリヒャルトは後に作曲家グスタフ・マーラーのすばらしい評伝を著わし、文筆家として名をなした。ほかの三人もそれぞれ優秀な子どもたちだったが、四男のエルンストは、はじめて会った当時は十一歳で、重度の水頭症をわずらい、家中の心配の種だった。当時のオーストリアでは毎年学年末に試験があり、どこかの学校へ行ってそれに合格しさえすれば、家庭で教育を受けていても、どの教師についていても、進級することができた。

エルンストはすでに五年間学校に通っていたが、ときには数週間一度も口をきかず、食事にも加わらず、空腹になると台所へ行って、くず箱から残飯を拾って食べた。試験のときも何も書くことができず、ただ答案用紙に大きな穴を開けるだけで提出した。シュペヒト家の主治医で友人だったヨーゼフ・ブロイアーはフロイトと共に「精神分析」の創始者として今日でも有名であり、当時も名医として評判が高かった人物であるが、彼もこの子だけはお手上げの状態だった。この子はすべての人から見放されており、家族はどうしていいか分からずにいた。

若いシュタイナーはこの子の面倒を三年間は自分にすべて任せてほしい、責任を持って治療にあたりたい、と家族に申し入れ、母親の承諾を得た。彼の教育方針は、(一) 薄弱児の場合には身体の医学的治療から始めること、(二) 眠ったような状態にある魂が次第に身体の中で自分を表現できるようになるために、この魂への通路を見つけ出すこと、の二つを原則とした。シュタイナーは自分で「経済的方法」と名づけた教授法を編み出し、十五分か二十分の短い時間に最大の効率を上げるように、しかもできるだけ楽に学ぶことができるように、二時間から四時間かけてそのための準備をした。良いと思ったことは何でも試み、音楽を授業に取り入れ、音楽の力で身体に良い作用が及ぶように配慮した。シュタイナーはエルンストの中に偉大な魂が眠っていると信じることができたが、その発達段階はまだ二歳半にもなっていなかったので、徹底して模倣の原理に従い、発達段階に応じたあらゆる遊びやゲームを共にやり、こころが通じ合えるようにした。このようにして、主として健康に気を使い、主治医のブロイアーとも始終連絡し合いながら二年間が経過した頃には、エルンストはギムナジウムの授業に参加できるようになった。そしてギムナジウムの最後の二年間は自分の力だけで学び、大学へ進んで医学を修め、長らく医師として働き、四十歳になって第一次世界大戦に軍医として従軍し、伝染病にかかってポーランドに没した。

シュタイナーは自伝『わが生涯』の中でこの時期のことを次のように記している。「この教育課題は私にとって学習の豊かな源泉となった。私が用いた教授法によって、人間の霊魂と身体との関連が見えてきた。私は生理学と心理学の研究に没頭した。そして分かったのは、教育と授業とを真の人間認識を基礎にする芸術にしなければならないということだった」。

シュタイナーの生涯におけるこの時期のことを考えるとき、障害を持った人の魂の素質がどんなにすぐれたものでありうるかを、彼がすでに若い頃に身をもって体験しており、それが後の人智学運動の大きな支えになっていたのだ、と思わざるをえない。彼はよく、「治療教育は教育の中の教育である」と語ったそうであるが、「シュタイナー教育」の核心の部分に障害を持った人びととの共同生活があり、それが未来の社会生活のためのひとつの型を示しているのである。

このことに関連して言えば、数年前の朝日新聞の投書欄に、ある養護学校の先生の一文が掲載されていた。その先生はある生徒から、「健全な精神は健全な身体に宿る」ということばがあるが、そうだとすると、自分たちは健全な精神を永久に持てないのか、と訊かれたときに、それにきちんと対応できなかった、と告白しておられた。確かにこの有名な古代ローマの格言は現在でも有効に生き続けている。従来の学校教育の中で育ってきた私たちは、ともすれば唯物論的な進化論の立場から、どんな精神のいとなみも動物から人間への進化の過程を通して、身体そのものから生み出されたものにすぎない、したがって身体が老いれば、精神も衰え、身体が障害を受ければ、精神も不完全になり、身体が死ねば、ちょうど蠟燭の蠟が燃えつきたときに炎も消えるように、精神のいとなみも消え去る、と考えている。身体がなければ、精神の存在する余地はまったくない。

けれどもこのような考え方とはまったく異なり、不健全な身体にも健全な精神が宿るし、健全な身体にも不健全な精神が宿るということ、それだけではなく、そもそも健全、不健全を問題にする前に、それよりももっと本質的な身体と精神との関係が人間存在の根底を支えているということ、このことを本書『治療教育講義』は冒頭の数章で詳しく取り上げている。本書のこの部分を述べていたとき、おそらくシュタイナーは先ほどの養護学校の先生のような問題意識を持った人にいちばんそれを聴いてもらいたかったのではないかと思う。(もっともこのローマの格言は本来、精神の本質を身体に依存させているのではなく、私が『シュタイナー教育入門』(角川選書)の中で取り上げた古代の肉体文化について語っている。だから精神(ラテン語のメンス)ということばは精神そのものというよりも、精神の現象形式を表わしており、むしろ「健全なる表象は健全なる身体に宿る」という意味に解すべきであり、そのかぎりでは個人の人格が身体に依存していると言っているのではない。けれども今日の一般的な考え方からすれば、精神そのものと精神が身体を通して自己を表わすときの現象形式とを区別するのは、そう簡単なことではないのである。)

シュタイナーは精神のこの二つの在り方を、つまり精神そのものと精神の現象形式とを厳密に区別することから本書を始めている。ひとつは肉体に「受肉」する本来の「霊と魂」であり、もうひとつはこの霊と魂が肉体を通して自己を表現する際の思考と感情と意志である。

シュタイナーによれば、今から数百万年以前にまで遡る太古の時代に、人間の霊魂ははじめて、進化の過程を辿って発展してきた身体の中に降りてくることができるようになった。それ以前は人間の霊魂を受容できるほどにまで身体は進化を遂げていなかったので、人間の霊魂は物質素材によって創られた肉体の中に受肉したくても、肉体の方でそれを自分の中に宿らせることができない状態が続いた。かろうじて受肉できたとしても、初めの頃は決して正常な受肉のプロセスを辿ることができず、一度受肉した霊魂も、肉体を通して自己を表現できぬままに、ふたたび肉体を去って、本来の故郷である霊界へ戻っていった。そのような過程が繰り返される中で、肉体そのものも進化を続け、ある段階に達してからは、霊魂を正常に受容できるようになった。

この過程は諸民族の神話の中でもさまざまな仕方で語られているが、そのもっともよく知られた例はアダムとエバの楽園追放の話であろう。この二人の人類の祖先の霊魂は、はじめて天国から離れて、地上の世界に受肉することになったが、そうなると人間は肉体を通してしか自己を意識できなくなってしまい、いわば「受肉の苦しみ」を、つまりドイツ・ロマン派のいう「世界苦」を背負わされる。もし人間の霊魂が肉体に受肉しないですますことができるのなら、人間は老いることも、病むことも、死ぬこともないし、障害を背負うこともない。仏陀が人間の根源的な苦悩と呼んだ生老病死の四苦は、地上におけるどんな人間も避けることのできない基本的な生活条件になっている。しかし人間はそのような条件の下に甘んじて生きていくべき存在なのだろうか。

『治療教育講義』はこのような問題意識から出発している。したがって現代の唯物論的、批判主義的な考え方からすれば、とうてい受け入れられないような概念や発想が随所に出てくる。しかし本書の内容が語られてから今日までの六十年あまりのあいだに、時代の意識も大きく変化してきた。現在では人間の無意識の奥底に横たわっている太古からの記憶層のみならず、死後の生活や輪廻転生《りんねてんしょう》が話題になったり、自然科学の分野でも、「目的」の概念が因果必然性の中に取り込まれたり、仏教や道教のホリスティックな世界観が自然の解釈に適用されたりするようになった。そのような観点から本書を読めば、人間の本質についての非常に大きな展望が与えられる。

また、本書の特に後半部の随所で言及されているシュタイナーの医学思想が、その後もシュタイナーの弟子たちによって受け継がれ、今日では治療の諸分野で大きな実績を上げている、ということも付け加えておきたい。

＊＊＊

なお、本書は一九八八年に角川書店から出版されたが、今回あらためて全体に眼を通し、より読みやすくなるように手を加えた。本文中、図版の1と2（口絵参照）について、雑誌『治療教育と社会療法』（二〇〇二年度第一号）に従来の版の本文と図の対応を訂正するミヒャエル・ドーマイアのエッセイが発表されたので、その見解に従って本文庫版でも訂正した。

本文庫版では新たに付録として、アルブレヒト・シュトローシャインの「人智学的治療教育の成立」(Albrecht Strohschein, Die Entstehung der anthropo-sophischen Heilpädagogik) を加えた。本書の内容をなすシュタイナーの連続講義が行なわれた頃の現場での思いが直接伝わってくる貴重な文献だと思えたからである。

久しく本書の再版が望まれていたが、今回ちくま学芸文庫に収録していただく運びになり、筑摩書房編集部の皆さまにはこころから感謝している。

二〇〇五年二月十六日　町田にて

高橋　巖

本書は一九八八年八月三十一日、角川書店から刊行された。

空間の詩学
ガストン・バシュラール
岩村行雄訳

家、宇宙、貝殻など、さまざまな空間が喚起する詩的イメージ。新たなる想像力の現象学を提唱し、人間の夢想に迫るバシュラール詩学の頂点。

リキッド・モダニティを読みとく
ジグムント・バウマン
酒井邦秀訳

変わらぬ確かなものなどもはや何一つない現代世界。社会学の泰斗が身近な出来事や世相から〈液状化〉の具体相に迫る真摯で痛切な論考。文庫オリジナル。

社会学の考え方〔第2版〕
ジグムント・バウマン／ティム・メイ
奥井智之訳

日常世界はどのように構成されているのか。日々変化する現代社会をどう読み解くべきか。読者を〈社会学的思考〉の実践へと導く最高の入門書。新訳。

コミュニティ
ジグムント・バウマン
奥井智之訳

グローバル化し個別化する世界のなかで、コミュニティはいかなる様相を呈しているか。安全をとるか、自由をとるか。代表的社会学者が根源から問う。

ウンコな議論
ハリー・G・フランクファート
山形浩生訳／解説

ごまかし、でまかせ、いいのがれ。なぜ世の中、こんなものがみちるのか。道徳哲学の泰斗がその正体とカラクリを解く。爆笑必至の訳者解説を付す。

世界リスク社会論
ウルリッヒ・ベック
島村賢一訳

迫りくるリスクは我々から何を奪い、何をもたらすのか。『危険社会』の著者が、近代社会の根本原理をくつがえすリスクの本質と可能性に迫る。

民主主義の革命
エルネスト・ラクラウ／シャンタル・ムフ
西永亮／千葉眞訳

グラムシ、デリダらの思想を摂取し、根源的で複数的なデモクラシーへ向けて、新たなヘゲモニー概念を提示した、ポスト・マルクス主義の代表作。

鏡の背面
コンラート・ローレンツ
谷口茂訳

人間の認識システムはどのように進化してきたのか、そしてその特徴とは。ノーベル賞受賞の動物行動学者が試みた抱括的知識による壮大な総合人間哲学。

人間の条件
ハンナ・アレント
志水速雄訳

人間の活動的生活を《労働》《仕事》《活動》の三側面から考察し、《労働》優位の近代世界を思想史的に批判したアレントの主著。（阿部齊）

革命について　ハンナ・アレント　志水速雄訳
《自由の創設》をキイ概念としてアメリカとヨーロッパの二つの革命を比較・考察し、その最良の精神を二〇世紀の惨状から救い出す。（川崎修）

暗い時代の人々　ハンナ・アレント　阿部齊訳
自由が著しく損なわれた時代を自らの意思に従い行動し、生きた人々。政治・芸術・哲学への鋭い示唆を含み描かれる普遍的人間論。（村井洋）

責任と判断　ハンナ・アレント　ジェローム・コーン編　中山元訳
思想家ハンナ・アレント後期の未刊行論文集。人間の責任の意味と判断の能力を考察し、考える能力の喪失により生まれる〈凡庸な悪〉を明らかにする。

政治の約束　ハンナ・アレント　ジェローム・コーン編　高橋勇夫訳
われわれにとって「自由」とは何であるのか――。政治思想の起源から到達点までを描き、政治的経験の意味に根底から迫った、アレント思想の精髄。

プリズメン　Th・W・アドルノ　渡辺祐邦／三原弟平訳
「アウシュヴィッツ以後、詩を書くことは野蛮である」。果てしなく進行する大衆の従順化と、絶対的物象化の時代における文化批判のあり方を問う。

哲学について　ルイ・アルチュセール　今村仁司訳
カトリシズムの救済の理念とマルクス主義の解放の思想との統合をめざしフランス現代思想を領導した孤高の哲学者。その到達点を示す歴史的文献。

スタンツェ　ジョルジョ・アガンベン　岡田温司訳
西洋文化の豊饒なイメージの宝庫を自在に横切り、愛・言葉そして喪失の想像力が表象に与えた役割をたどる。21世紀を牽引する哲学者の博覧強記。

アタリ文明論講義　ジャック・アタリ　林昌宏訳
歴史を動かすのは先を読む力だ。混迷を深める現代文明の行く末を見通し対処するにはどうすればよいのか。「欧州の知性」が危難の時代を読み解く。

プラトンに関する十一章　アラン　森進一訳
『幸福論』が広く静かに読み継がれているモラリスト、アラン。卓越した哲学教師でもあった彼が平易かつ明快にプラトン哲学の精髄を説いた名著。

コンヴィヴィアリティのための道具
イヴァン・イリイチ
渡辺京二／渡辺梨佐訳

破滅に向かう現代文明の大転換はまだ可能だ！　人間本来の自由と創造性が最大限活かされる社会をどう作るか。イリイチが遺した不朽のマニフェスト。

重力と恩寵
シモーヌ・ヴェイユ
田辺保訳

「重力」に似たものから、どのようにして免れればよいのか……ただ「恩寵」によって。苛烈な自己無化への意志に貫れた、独自の思索の断想集。ティボン編。

工場日記
シモーヌ・ヴェイユ
田辺保訳

人間のありのままの姿を知り、愛し、そこで生きたい――女工となった哲学者が、極限の状況で自己犠牲と献身について考え抜き、克明に綴った、魂の記録。

青色本
L・ウィトゲンシュタイン
大森荘蔵訳

「語の意味とは何か」。端的な問いかけで始まるこのコンパクトな書は、初めて読むウィトゲンシュタインとして最適な一冊。（野矢茂樹）

法の概念〔第3版〕
H・L・A・ハート
長谷部恭男訳

法とは何か。ルールの秩序という観念でこの難問に立ち向かい、法哲学の新たな地平を拓いた名著。批判に応える「後記」を含め、平明な新訳でおくる。

解釈としての社会批判
マイケル・ウォルツァー
大川正彦／川本隆史訳

社会の不正を糺すのに、普遍的な道徳を振りかざすだけでは有効でない。暮らしに根ざしながら同時にラディカルな批判が必要だ。その可能性を探究する。

ポパーとウィトゲンシュタインとのあいだで交わされた世上名高い10分間の大激論の謎
デヴィッド・エドモンズ／ジョン・エーディナウ
二木麻里訳

このすれ違いは避けられない運命だった？　二人の思想の歩み、そして大激論の真相に、ウィーン学団の人間模様やヨーロッパの歴史的背景から迫る。

大衆の反逆
オルテガ・イ・ガセット
神吉敬三訳

二〇世紀の初頭、《大衆》という現象の出現とその功罪を論じながら、自ら進んで困難に立ち向かう《真の貴族》という概念を対置した警世の書。

死にいたる病
S・キルケゴール
桝田啓三郎訳

死にいたる病とは絶望であり、絶望を深く自覚し神の前に自己をすてる。実存的な思索の深まりをデンマーク語原著から訳出し、詳細な注を付す。

ニーチェと悪循環
ピエール・クロソウスキー
兼子正勝訳
永劫回帰の啓示がニーチェに与えたものは、同一性の下に潜在する無数の強度の解放である。二十一世紀にあざやかに蘇る、逸脱のニーチェ論。

世界制作の方法
ネルソン・グッドマン
菅野盾樹訳
世界は「ある」のではなく、「制作」されるのだ。芸術・科学・日常経験・知覚など、幅広い分野で徹底した思索を行ったアメリカ現代哲学の重要著作。

新編 現代の君主
アントニオ・グラムシ
上村忠男編訳
労働運動を組織しイタリア共産党を指導したグラムシ。獄中で綴られたそのテキストから、いま読み直されるべき重要な29篇を選りすぐり注解する。

孤島
ジャン・グルニエ
井上究一郎訳
「島」とは孤独な人間の謂。透徹した精神のもと、話者の綴る思念と経験が啓示を放つ。カミュが本書との出会いを回想した序文を付す。　（松浦寿輝）

ハイデッガー『存在と時間』註解
マイケル・ゲルヴェン
長谷川西涯訳
難解をもって知られる『存在と時間』全八三節の思考を、初学者にも一歩一歩追体験させ、高度な内容を読者に確信させ納得させる唯一の註解書。

色彩論
ゲーテ
木村直司訳
数学的・機械論的近代自然科学と一線を画し、自然の中に「精神」を読みとろうとする特異で巨大な自然観を示した思想家・ゲーテの不朽の業績。

倫理問題101問
マーティン・コーエン
榑沼範久訳
何が正しいことなのか。医療・法律・環境問題等、私たちの周りに溢れる倫理的なジレンマから101の題材を取り上げて、ユーモアも交えて考える。

哲学101問
マーティン・コーエン
矢橋明郎訳
全てのカラスが黒いことを証明するには？　コンピュータと人間の違いは？　哲学者たちが頭を捻った101問を、譬話で考える楽しい哲学読み物。

マラルメ論
ジャン＝ポール・サルトル
渡辺守章／平井啓之訳
思考の極北で〈存在〉そのものを問い直す形而上学的〈劇〉を生きた詩人マラルメ――固有の方法的批判により文学の存立の根拠をも問う白熱の論考。

存在と無（全3巻）
ジャン＝ポール・サルトル
松浪信三郎訳

存在と無Ⅰ
ジャン＝ポール・サルトル
松浪信三郎訳

存在と無Ⅱ
ジャン＝ポール・サルトル
松浪信三郎訳

存在と無Ⅲ
松浪信三郎訳

公共哲学
マイケル・サンデル
鬼澤忍訳

パルチザンの理論
カール・シュミット
新田邦夫訳

政治思想論集
カール・シュミット
服部平治／宮本盛太郎訳

神秘学概論
ルドルフ・シュタイナー
高橋巖訳

神智学
ルドルフ・シュタイナー
高橋巖訳

人間の意識の在り方（実存）をきわめて詳細に分析し、存在と無の弁証法を問い究め、実存主義を確立した不朽の名著。現代思想の原点。

Ⅰ巻は、「即自」と「対自」が峻別される緒論「存在の探求」から、「対自」としての意識の基本的在り方が論じられる第二部「対自存在」まで収録。

Ⅱ巻は、第三部「対他存在」を収録。私と他者との相剋関係を論じた「まなざし」論をはじめ、愛、憎悪、マゾヒズム、サディズムなど具体的な他者論を展開。

Ⅲ巻は、第四部「持つ」「為す」「ある」を収録。この三つの基本的カテゴリーとの関連で人間の行動を分析し、絶対的自由を提唱。（北村晋）

経済格差、安楽死の幇助、市場の役割など、私達が現代の問題を考えるのに必要な思想とは？ハーバード大講義で話題のサンデル教授の主著、初邦訳。

二〇世紀の戦争を特徴づける「絶対的な敵」殲滅の思想の端緒を、レーニン・毛沢東らの《パルチザン》戦争という形態のなかに見出した画期的論考。

現代新たな角度で脚光をあびる政治哲学の巨人が、その思想の核を明かしたテクストを精選して収録。権力の源泉や限界といった基礎もわかる名論文集。

宇宙論、人間論、進化の法則と意識の発達史を綴り、シュタイナー思想の根幹を展開する——四大主著の一冊、渾身の訳し下し。（笠井叡）

神秘主義的思考を明晰な思考に立脚した精神科学へと再編し、知性と精神性の健全な融合をめざしたシュタイナーの根本思想。四大主著の一冊。

いかにして超感覚的世界の認識を獲得するか
ルドルフ・シュタイナー
高橋巖訳
すべての人間には、特定の修行を通して高次の認識を獲得できる能力が潜在している。その顕在化のための道すじを詳述する不朽の名著。

自由の哲学
ルドルフ・シュタイナー
高橋巖訳
社会の一員である個人の究極の自由はどこに見出されるのか。思考は人間に何をもたらすのか。シュタイナー全業績の礎をなしている認識論哲学。

治療教育講義
ルドルフ・シュタイナー
高橋巖訳
障害児が開示するのは、人間の異常性ではなく霊性である。人智学の理論と実践を集大成したシュタイナー晩年の最重要講義。改訂増補決定版。

人智学・心智学・霊智学
ルドルフ・シュタイナー
高橋巖訳
身体・魂・霊に対応する三つの学が、霊視霊聴を通じた存在の成就への道を語りかける。人智学協会の創設へ向け最も注目された時期の率直な声。

ジンメル・コレクション
ゲオルク・ジンメル
北川東子編訳
鈴木直訳
都会、女性、モード、貨幣をはじめ、取っ手や橋・扉にまで哲学的思索を向けた「エッセーの思想家」の姿を一望する新編・新訳のアンソロジー。

否定的なもののもとへの滞留
スラヴォイ・ジジェク
酒井隆史/田崎英明訳
ラカンの精神分析手法でポストモダン的状況を批評してきた著者が、この大部なる主著でドイツ観念論に対峙し、否定性を生き抜く道を提示する。

宴のあとの経済学
E・F・シューマッハー
長洲一二監訳
伊藤拓一訳
『スモール イズ ビューティフル』のシューマッハー最後の書。地産地消を軸とする新たな経済共同体の構築を実例をあげ提言する。（中村達也）

私たちはどう生きるべきか
ピーター・シンガー
山内友三郎監訳
社会の10%の人が倫理的に生きれば、政府が行う社会変革よりもずっと大きな力となる——環境・動物保護の第一人者が、現代に生きる意味を鋭く問う。

自然権と歴史
レオ・シュトラウス
塚崎智/石崎嘉彦訳
自然権の否定こそが現代の深刻なニヒリズムをもたらした。古代ギリシアから近代に至る思想史を大胆に読み直し、自然権論の復権をはかる20世紀の名著。

生活世界の構造
アルフレッド・シュッツ／トーマス・ルックマン
那須壽 監訳

「事象そのものへ」という現象学の理念を社会学研究で実践し、日常を生きる「普通の人びと」の視点から日常生活世界の「自明性」を究明した名著。

悲劇の死
ジョージ・スタイナー
喜志哲雄／蜂谷昭雄訳

現実の「悲劇」性が世界をおおい尽くしたとき、劇形式としての悲劇は死を迎えた。二〇世紀の悲惨を目のあたりにして描く、壮大な文明批評。

哲学ファンタジー
レイモンド・スマリヤン
高橋昌一郎訳

論理学の鬼才が、軽妙な語り口ながら、切れ味抜群の思考法で哲学から倫理学まで広く論じた対話篇。哲学することの魅力を堪能しつつ、思考を鍛える！

ハーバート・スペンサーコレクション
ハーバート・スペンサー
森村進編訳

自由はどこまで守られるべきか。リバタリアニズムの源流となった思想家の理論の核が凝縮された論考を精選し、平明な訳で送る。文庫オリジナル編訳。

ナショナリズムとは何か
アントニー・D・スミス
庄司信訳

ナショナリズムは創られたものか、それとも自然なものか。この矛盾に満ちた心性の正体を、世界的権威が徹底的に解説する。最良の入門書、本邦初訳。

反解釈
スーザン・ソンタグ
高橋康也他訳

《解釈》を偏重する在来の批評に対し、《形式》を感受する官能美学の必要性をとき、理性や合理主義に対する感性の復権を唱えたマニフェスト。

ニーチェは、今日？
デリダ／ドゥルーズ／リオタール／クロソウスキー
林好雄ほか訳

クロソウスキーの〈陰謀〉、リオタールの〈メタモルフォーズ〉、ドゥルーズの〈脱領土化〉、デリダの〈脱構築的読解〉の白熱した討論。

声と現象
ジャック・デリダ
林好雄訳

フッサール『論理学研究』の綿密な読解を通して、「脱構築」「痕跡」「差延」「代補」「エクリチュール」など、デリダ思想の中心的〝操作子〟を生み出す。

歓待について
ジャック・デリダ
アンヌ・デュフールマンテル序論
廣瀬浩司訳

異邦人＝他者を迎え入れることはどこまで可能か？ギリシャ悲劇、クロソウスキーなどを経由し、この喫緊の問いにひそむ歓待の（不）可能性に挑む。

ちくま学芸文庫

治療教育講義《ちりょうきょういくこうぎ》

二〇〇五年五月十日 第一刷発行
二〇一九年四月十五日 第二刷発行

著者 ルドルフ・シュタイナー
訳者 高橋 巖（たかはし・いわお）
発行者 喜入冬子
発行所 株式会社 筑摩書房
東京都台東区蔵前二―五―三 〒一一一―八七五五
電話番号 〇三―五六八七―二六〇一（代表）
装幀者 安野光雅
印刷所 三松堂印刷株式会社
製本所 株式会社積信堂

ISBN4-480-08908-X C0111